Roberto Welzel

Klaus Kinski: eine (un)kritische Würdigung von 132 Film- und Fernsehproduktionen (1948-1989)

„Alles kommt und geht, das was bleibt sind die Erinnerungen."

Roberto Welzel

Klaus Kinski:
eine (un)kritische Würdigung von 132 Film- und Fernsehproduktionen (1948-1989)

Der Autor:

- Jahrgang 1970, geboren in Neuruppin;
- Beruflich mit historischer Aufarbeitung beschäftigt;
- Liest bevorzugt Erwin und Eva Strittmatter;
- Sammelt Gesteine & Mineralien;
- Begeistert sich für Jazzmusik, Depeche Mode und Kraftwerk;
- Liebt die Filme von Stan Laurel & Oliver Hardy;
- Es handelt sich um seine erste Buchveröffentlichung.

Impressum:

Originalausgabe

Erste Auflage 2022

Inhaltsverzeichnis

Das „Kulturgut“ KINSKI

Klaus Kinski wurde am 18. Oktober 1926 als Klaus Günter Karl Nakszynski im ostpreußischen Zoppot geboren. Am 23. November 1991 ist er in Lagunitas, Kalifornien, gestorben.

Theaterdarsteller:

Im Zweiten Weltkrieg wurde Klaus eingezogen, geriet in britische Kriegsgefangenschaft und trat in einem Internierungslager in Essex zum ersten Mal vor Mithäftlingen in einem Bühnenstück auf.

Obwohl Kinski über keine formelle Ausbildung verfügte, gab er 1946 sein offizielles Debüt am Schlosspark-Theater. In der Folge agierte er an zahlreichen Berliner Bühnen. Hinzu kamen diverse Gastrollen in anderen deutschen Städten sowie in Österreich.

Rezitator:

Insbesondere seine emotional aufgeladenen Interpretationen von Villon- und Rimbaud-Gedichten hatten für Aufsehen gesorgt. Er unternahm Tourneen durch den deutschsprachigen Raum und hat mehr als 30 Schallplatten besprochen.

Schauspieler:

Seine filmische Laufbahn begann einige Jahre nach dem Krieg. In den frühen Rollen verkörperte Kinski häufig empfindsame, sanftmütige Jünglinge, aber ebenso skrupellose Naziburschen. In Deutschland gehörte Klaus seit 1960 zum Stammpersonal der Edgar-Wallace-Verfilmungen.

Im Zeitraum 1964-1975 lebte er in Rom und wirkte verstärkt in zahlreichen italienischen Produktionen mit. Durch seinen Umzug nach Paris im Jahre 1975 war Kinski mehrere Male in französischen Filmen zu sehen. Nach Los Angeles siedelte er 1980 um und spielte verschiedentlich in amerikanischen Streifen mit.

Schöpferische Zeitfenster:

- 1946 – 1961 Theaterengagements
- 1947 – 1962 Rezitationen und Hörspielproduktionen
- 1948 – 1989 Spielfilm- und Fernsehverpflichtungen
- 1975 – 1991 Veröffentlichung dreier autobiografischer Bücher

Prolog:

Klaus Kinski begegnete mir in den Achtzigerjahren im Fernsehen als wunderlicher Edgar Wallace-Charakter und unberechenbarer Talkshowgast. Während sich ältere Familiensemester gründlich über „dieses Leinwandekel“ aufregten, war ich fasziniert von der emotionalen Direktheit, dem „irren“ Blick und dieser markanten Stimme. Vor dreissig Jahren starb er unerwartet. Die anschließende öffentliche Berichterstattung führte mich ein Stück näher an seine Person heran.

Das zwanglose Sammeln von Klaus Kinski-Materialien begann 1992 mit einer VHS-Kassette des Films „Cobra Verde“. Im Laufe der Jahre wurden Buchhandlungen, Flohmärkte, Bestellkataloge, Videotheken, Fernsehzeitschriften (für TV-Mitschnitte) später auch das Internet durchforstet und Bücher, Schallplatten, Zeitschriften, CDs, Audiokassetten sowie Filme zusammengetragen.

Die cineastische Würdigung von Klaus Kinski erfolgte meist im Zusammenhang mit den Werner-Herzog-Dramen, während die Vielzahl anderer Filme, in denen er außerdem mitgewirkt hatte, oft als langweilig, billig oder niveaulos abgetan wurden. Diese abwertenden Beschreibungen waren der Auslöser, eigene Rezensionen zu verfassen. Mit freudvoller Absicht sind hierbei durchweg subjektiv-positivistische Einzelkritiken entstanden. Das Motto dafür lautete: In jedem belanglos anmutenden Gestein steckt faktisch ein beachtenswertes Mineralkörnchen.

Selbst wenn man Kinski beim Wort nimmt, wonach er für den schnöden Mammon ungeprüft jedes filmische Angebot angenommen hat, ist es eine Wonne zu sehen, wie Klaus mit Würde und Ehrgeiz sogar kleinsten Charakteren eine ganz persönliche Prägung verlieh.

Daneben kann man in dem vermeintlich schundigsten Streifen bei einer wertschätzenden, offenen Betrachtungsweise wahrhaftig Charme, Skurrilität, Extravaganz, Zeitkolorit und manchmal einfach nur famose musikalische Untermalungen entdecken.

Meine inhaltlichen Wiedergaben, das jeweilige Fazit und die Kinski-Rollenbeschreibungen sind dementsprechend achtungsvoll, gelegentlich aus einer augenzwinkernden Perspektive niedergeschrieben worden.

<u>Zum Buch:</u>

Die nachfolgende Übersicht „Vorhandene Filmtitel A-Z“ zu Anfang enthält die mir vorliegenden Fassungen. Etwaige deutsche Titel (Kino/TV/Verleih/Kauf) wurden in Klammern gesetzt.

Sämtliche Rezensionen sind nach dem Erscheinungsjahr aufsteigend geordnet. Darum befindet sich am Schluss noch eine „Sortierung nach laufender Nummer“.

Jeder Kinski-Film wurde seit 1992 mindestens dreimal angesehen. Im Zeitraum 2000 bis 2021 sind die einzelnen Einschätzungen verfasst worden. Aus diesen „(un)kritischen Würdigungen“ ist in den Jahren 2020/2021 jeweils eine finale Fassung entstanden.

Roberto Welzel

Januar 2022

Vorhandene Filmtitel A–Z (Deutscher Titel)	Lfd.-Nr.
Aguirre, der Zorn Gottes	85
Amanti del mostro, Le	91
Android, Der	117
Auge der Spinne, Das	83
Bankraub in der Rue la Tour	14
Bastard, Der	59
Beauty and the Beast (Die Schöne und das Biest)	118
Belva, La (Die Bestie)	74
Black Killer	84
Blaue Hand, Die	50

Vorhandene Filmtitel A–Z *(Deutscher Titel)*	Lfd.-Nr.
Buddy Buddy	114
Che botte ragazzi **(Zwei durch dick und dünn)**	95
Churchill`s Leoparden	73
Cobra Verde	130
Cold Blooded Beast **(Der Triebmörder/Das Schloss der blauen Vögel)**	78
Commando Leopard	125
Counterfeit Traitor, The **(Verrat auf Befehl)**	18
Crawlspace **(Killerhaus – Horror der grausamsten Art)**	127
Creature **(Die dunkle Macht der Finsternis)**	122

Vorhandene Filmtitel A–Z ***(Deutscher Titel)***	Lfd.-Nr.
Death smiles on a Murderer **(Die Mörderbestien)**	87
Doktor Schiwago	41
Double Face **(Das Gesicht im Dunkeln)**	63
Dracula im Schloss des Schreckens	81
Drei Amen für den Satan	80
Due volte Giuda **(Zweimal Judas / Kugeln tragen keine Unterschrift)**	57
Ein Einsamer kehrt zurück	86
Entscheidung vor Morgengrauen	2
Estambul 65 **(Unser Mann aus Istanbul)**	39

Vorhandene Filmtitel A–Z *(Deutscher Titel)*	Lfd.-Nr.
Fall Serrano, Der	103
Fear **(Angst)**	3
Femme Enfant, La **(Stumme Liebe/Die Kind-Frau)**	109
Fitzcarraldo	115
Footprints on the Moon **(Spuren auf dem Mond)**	93
Fruits de la Passion, Les **(Früchte der Leidenschaft)**	111
Für ein paar Dollar mehr	42
Für einen Sarg voller Dollars	75
Gangsters Law **(Quintero, das Aas der Unterwelt/Der Killer)**	64

Vorhandene Filmtitel A–Z (Deutscher Titel)	Lfd.-Nr.
Gasthaus an der Themse, Das	21
Geheimcode Wildgänse	121
Geheimnis der chinesischen Nelke, Das	35
Geheimnis der gelben Mönche, Das	46
Geheimnis der gelben Narzissen, Das	13
Geheimnis der schwarzen Witwe, Das	29
Geheimnis des Lebens, Das	96
Geliebte Corinna	9
Gern hab ich die Frauen gekillt	45
Gold von Sam Cooper, Das	53
Grand Slam (Tob-Job-Diamantenraub in Rio)	51

Vorhandene Filmtitel A–Z (Deutscher Titel)	Lfd.-Nr.
Grandi Cacciatori	131
Gruft mit dem Rätselschloss, Die	33
Haine (Killer Truck)	108
Hanussen	6
Heroes in Hell	92
Hitchhiker-Episode „Lovesounds“ (Blut an den Händen)	123
Ich will Deinen Kopf	76
Indische Tuch, Das	25
Jack the Ripper	100
Kali Yug – Aufruhr in Indien	28

Vorhandene Filmtitel A–Z (Deutscher Titel)	Lfd.-Nr.
Kali Yug – Göttin der Rache	27
Kinder, Mütter und ein General	5
Kinski-Paganini	132
Knochenbrecher im Wilden Westen (Karate Jack-Ich bin Euer Henker)	89
Kurve, Die	15
Leichen pflastern seinen Weg	60
Leoparden kommen, Die (Im Vorfeld der Hölle)	65
Letzte Ritt nach Santa Cruz, Der	31
Libelle, Die	120
Love and Money (Geld und Liebe)	113

Vorhandene Filmtitel A–Z (Deutscher Titel)	Lfd.-Nr.
Ludwig II.	4
Madame Claude und ihre Gazellen	102
Mano che nutre la morte, La	90
Mano spietata della legge, La (Das Blut der schwarzen Schlange/ Die gnadenlose Hand des Gesetzes)	88
Marquis de Sade: Justine	62
Mit Django kam der Tod	52
Mörder des Klans, Der	79
Morituri	1
Nachtblende	94
Nachts, wenn Dracula erwacht	70

Vorhandene Filmtitel A–Z (Deutscher Titel)	Lfd.-Nr.
Naughty Cheerleader, The (Mir hat es immer Spaß gemacht)	68
Netz, Das	98
Neues vom Hexer	37
Night of the Assassin, The (Spezialkommando Wildgänse)	72
Nobody ist der Größte	97
Nosferatu – Phantom der Nacht	106
Nosferatu a Venezia (Nosferatu in Venedig)	129
Nuit d`Or – die Nacht aus Gold	99
On m`appelle king	77
Operation Entebbe (Unternahmen Entebbe)	101

Vorhandene Filmtitel A–Z *(Deutscher Titel)*	Lfd.-Nr.
Our Man in Marrakesh **(Marrakesch)**	44
Pagode zum fünften Schrecken, Die	49
Peau de Torpedo, La **(Der Mann mit der Torpedohaut)**	71
Piccadilly Null Uhr Zwölf	30
Pleasure Girls, The **(Die Goldpuppen/Sex in falschen Händen)**	40
Rächer, Der	11
Rätsel der roten Orchidee, Das	17
Rätsel des silbernen Dreiecks, Das	43
Revenge – Diamant des Grauens	124
Roland – die Horden des eisernen Ritters	104

Vorhandene Filmtitel A–Z (Deutscher Titel)	Lfd.-Nr.
Rote Rausch, Der	19
Sartana – Bete um Deinen Tod	56
Sartana - Töten war sein täglich Brot	67
Satan der Rache	69
Schizoid	110
Schwarze Abt, Der	24
Schwarze Kobra, Die	23
Schwarze Mamba, Die	112
Scotland Yard jagt Dr. Mabuse	26
Secret Diary of Sigmund Freud, The	119
Seltsame Gräfin, Die	16

Vorhandene Filmtitel A–Z *(Deutscher Titel)*	Lfd.-Nr.
Sigpress contro Scotland Yard **(Mister Zehn Prozent-Miezen und Moneten)**	55
Soldier, The **(Der Söldner)**	116
Spione unter sich	38
Star Knight, der Herr der Sterne	126
Sumuru – die Tochter des Satans	48
Tausend Dollar Kopfgeld **(Sarg der blutigen Stiefel)**	82
Teufelsgarten, Der	54
Todeskommando Panthersprung	61
Töte Amigo	47
Toten Augen von London, Die	12

Vorhandene Filmtitel A–Z (Deutscher Titel)	Lfd.-Nr.
Tür mit den 7 Schlössern, Die	20
Um Thron und Liebe – Sarajewo	7
Vatican Story	58
Venus in Furs	66
Verrätertor, Das	36
Waldwinter	8
Wartezimmer zum Jenseits	32
Winnetou II. – Der Schatz der blauen Berge	34
Woyzeck	107
Zeit zu lieben und Zeit zu sterben	10
Zeitfalle, Die	128

Vorhandene Filmtitel A–Z (Deutscher Titel)	Lfd.-Nr.
Zinker, Der	22
Zoo Zero	105

1. Morituri

Regie: Eugen York

Jahr: 1948

Laufzeit: 81 Minuten

Wenige Insassen verschiedener Nationalitäten können dank eines polnischen Lagerarztes aus dem KZ fliehen. Sie gelangen mitten im Wald an einen mächtigen tiefen Erdkrater, in dem sich heimatvertriebene Polen, Juden und Deutsche gut getarnt verbergen. Diese zusammengewürfelte Zweckgemeinschaft wurde ebenso an das Kreuz des Krieges genagelt wie alle Menschen, die einfach nur leben wollten, aber nun wie Todgeweihte dahin siechen. Im Verborgenen wechseln sich Wunschträume und Angstträume ab. Liebe gedeiht neben Hass. Hoffnung verdrängt pure Resignation. Im düsteren Schatten der konspirativen Senke kämpft moralische Würde gegen verbitterten Anstand, fechten unterschiedliche philosophische Ansichten ihre Standpunkte aus. Zwischen all der verzweifelten Aussichtslosigkeit wartet man auf die erlösende Nachricht vom Rückzug der faschistischen Übermenschen.

Mit Vorführungsschein Nr. 48-7083 genehmigten die Alliierten einen bitteren, aufwühlenden, ungewöhnlichen Film über den Krieg und dessen lebensbedrohende Tentakel namens Hunger, Krankheit, Unmenschlichkeit, Tod. Allein das spinnennetzähnliche Maschenwerk, unter dem die Flüchtlinge versteckt leben, hat eine bemerkenswerte Symbolkraft.

Es handelt sich um das Filmdebüt von Klaus Günter Karl Nakszynski alias Klaus Kinski. Der 22-jährige Bursche betritt mit einem Paukenschlag die Welt der bewegten Bilder. Im Block 4 des international durchmischten Konzentrationslagers sitzt er als holländischer Gefangener auf einem Doppelbett. Eine Minute lang bleibt das Herz stehen, denn er bringt unseren emotionalen Unterbau mit den angstvoll-schluchzenden Worten: „Ich habe doch gar nichts getan. Ich will nicht sterben!“, mächtig ins Wanken. Seine fiebrigen, verdrehten Augen stolpern halt suchend umher, während das rührend betonte „meine Mutter“ seine zittrigen Lippen durchbricht. Schweißperlen sammeln sich schüchtern auf des Buben Stirn, der schmächtige Klaus klammert sich an einen Mithäftling, stammelt „nach Hause“ und bricht weinend in sich zusammen. Dieser Gefühlskrieger - diese brennende Fackel - dieser Ausnahmemensch schafft es tatsächlich, in seinem ersten Spielfilm alle Schrecken des Krieges in wenigen Sekunden gänsehautnah zu bündeln. Wir folgen zwar noch der restlichen Handlung, aber die Kinski-Darbietung prägt sich ins Gedächtnis ein.

Mit Lotte Koch, Hilde Körber, Winnie Markus, Carl-Heinz Schroth

Oktober 2014, Juli 2019 und April 2021 bewertet

2. Entscheidung vor Morgengrauen

Aka: Legion der Verdammten; Decision Before Dawn

Regie: Anatole Litvak

Jahr: 1951

Laufzeit: 115 Minuten

Unter äußerster Geheimhaltung unternehmen Nachrichtenoffiziere einer amerikanischen Spezialeinheit Ende 1944 den Versuch, mit Kommandeuren einiger deutscher Regimenter Verhandlungen über eine Kapitulation zu führen. Für die Treffvereinbarungen wollen sie kriegsgefangene Wehrmachtsangehörige einsetzen; so wie Sanitäter Karl Maurer. Er bekommt den Decknamen „Happy" verpasst, wird hinter die deutschen Linien geschickt, um innerhalb von fünf Tagen den Standort des 11. Panzerregimentes auszukundschaften. Während seines klandestinen Einsatzes trifft er auf notorisch misstrauische, sieggläubige, desillusionierte Menschen sowie verblendete kleine Pimpfe. Sein Handeln stellt er unter das selbst gewählte Motto: Ein Verrat kann mehr sein als ein Verrat.

Die Ereignisse werden bewegend, atmosphärisch dicht, zudem authentisch geschildert. Die moralische Komponente wird in dem Satz: „Wieder ein Deutscher weniger, aber auch ein Mensch ging verloren.", nachdenklich betont.

Der für die oben beschriebene Aufgabe ebenfalls ins Auge gefasste Klaus Kinski muss eine kurze Bewerbungsrede vor den Männern der US-Spionagetruppe halten. Sein Minivortrag in Wehrmachtsuniform dauert nur wenige Augenblicke und besteht aus diesen drei Sätzen:

„Nein, ich habe mich niemals für die Politik interessiert.
Ich bin nur zwangsweise in die Partei eingetreten.
Es war die einzige Möglichkeit, vorwärtszukommen, Sir."

Dabei zuckt der schmächtige Kinski unmerklich mit den Augen; das lässt zwar schauspielerisch Geniales erahnen, aber für eine Verwendung als konspirativer Friedenskundschafter reicht es an dieser Stelle nicht.

Mit Oskar Werner, Hildegard Knef, Hans Christian Blech

November 2000, September 2011 und November 2019 bewertet

3. Fear

Aka: La Paura; Le Peur; Angst; Non Credo Piu All`amore

Regie: Roberto Rossellini

Jahr: 1954

Laufzeit: 81 Minuten

Irene Wagner, Mutter zweier Bambini, beruflich in leitender Position daneben im Alltag biedere Ehefrau, hat ein heimliches Verhältnis. Eines regnerischen Tages taucht die zwielichtige Johanna Schulze mit geldgierigen Erpressungsversuchen auf. Die treulose Tomate Reni hat nicht den Mut zur Wahrheit gegenüber dem Ehemann, versinkt dadurch immer tiefer in einen seelischen Morast aus Lügen, Angst, Ausweglosigkeit. Sie merkt nicht, dass ihr Gatte auf andere Art ein süsses Geheimnis hütet.

Die Figuren agieren nach außen hin ziemlich abgeklärt, brodeln aber in ihrem Innern. Kleine versteckte Gesten deuten an, wie groß die Scham gegenüber einem nahe stehenden Menschen sein muss, um Vergebung zu bitten, die Ehrlichkeit ins heimelige Ehenest zurückzuholen. Das italienische Psychodrama manipuliert ganz unauffällig unsere Gefühlsklaviatur und man weiß nicht so richtig, ob und mit wem man mehr Mitleid haben sollte.

Immer mal geht beim geneigten Betrachter die ANGST um, die winzige Szene von Klaus Kinski zu verpassen. Endlich: Kurz vor Toresschluss öffnet sich um 23:00 Uhr die Tür zum Kabarett „die kleinen fische“. An unsere geübten Ohren dringen verzärtelte Wortfetzen vom grell geschminkten KINSKI, der in einiger Entfernung im zerlumpten Pullover ein Gedicht von Francois Villon rezitiert: „Nicht riechen kann ich auch die Herren vom Gericht ...“. Es handelt sich zwar nur um eine kurze Momentaufnahme am äußersten Rande des eigentlichen Geschehens, aber unser kleiner Deklamator greint nicht irgendeinen Vers ins lauschende Publikum, sondern „Eine Ballade, mit der ich meine Mitmenschen um Verzeihung bitten möchte“; welch passender Titel in dieser Filmnovelle um Schuld und Sühne. Nach wohlklingenden drei Sekunden versiegt der Kinski-Brunnen zugleich geht das Frauendrama im Innern der Bar weiter. Bemerkenswert an seinem Vortrag ist die Tatsache, dass er dieses Villon-Stück später wesentlich kraftvoller, derber interpretiert als in diesem Spielfilm.

Mit Ingrid Bergman, Matthias Wiemann, Renate Mannhardt

Dezember 2010, Dezember 2018 und April 2021 bewertet

4. Ludwig II.

Aka: Ludwig II. – Glanz und Ende eines Königs; Louis II de Baviere

Regie: Helmut Käutner

Jahr: 1954

Laufzeit: 110 Minuten

Volksliebling und Politikerschreck Ludwig II. ersehnt sich ein friedvolles Königreich der Muse. Dabei soll ihn der egomanische Künstler Richard Wagner musikalisch inspirieren. Gleichzeitig sucht die deutsche Kleinstaaterei ein neues Gefäß, das wohl nur durch perfide politische Ränkespiele erschaffen werden kann. Mittenmang thront „der Kini" und lässt zweckfreie Schlösser bauen, in denen Träume wohnen können. Entrückt vom Alltag, ermattet von Wagners Rausschmiss, erpicht auf Sissi, erschrocken vom Wahnanfall seines Bruders, einsam badend im tiefen dunklen See der Erinnerung vernebeln sich des Königs Sinne zusehends, und seine persönliche Tragödie nimmt ihren unweigerlichen Lauf.

Diese schwermütige, düstere Romanze ist ein narkotisierender Rausch voll unerfüllter Liebe, Weltschmerz, Verzweiflung. Gedreht an Originalschauplätzen und mit Wagner-Musik passend untermalt, ist das Gefühlsdrama zugleich ein schwelgerischer Augen- und Ohrenschmaus.

Klaus Kinski stellt in drei Sequenzen Prinz Otto von Bayern dar. Seinen „Warm-up" hat er nach 48 Minuten. Mit keckem Oberlippenbart greint er unter anderem davon, dass die Ärzte die Ursache für sein Kopfweh nicht verorten können. Unverzagt schwingt King Kinski hernach in seiner schicken blauen Uniform nonchalant das Tanzbein im Ballsaal. In der zweiten Szene schneit der mittlerweile an einer seelischen Wahnkrankheit leidende Prinz Klaus bei seinem Brüderlein herein, faselt derartigen Unsinn zusammen, dass der sich genötigt sieht zu rufen: „Wie sprichst Du denn mit mir? Bist Du krank?". Klaus reagiert darauf singend, brüllend, flüsternd, während er in den Armen seines Bruders immer mehr in sich zusammenfällt. Was für eine unvergessliche, grandiose Darbietung von Kinski, wie er sich innerhalb weniger Augenblicke von einem mahnenden Berichterstatter hin zu einem stammelnden, lallenden, weinenden Irren wandelt. Einen letzten kurzen Einsatz hat Otto Kinski als geisterhafte Erscheinung auf Schloss Neuschwanstein. Er flüstert spukhaft dem entkräfteten Ludwig zu: „Füge Dich" und entschwindet.

Mit O.W. Fischer, Ruth Leuwerik, Marianne Koch

Juni 2006, Juni 2012 und Oktober 2020 bewertet

5. Kinder, Mütter und ein General

Aka: Hauen Sie ab mit Heldentum

Regie: Lazlo Benedek

Jahr: 1955

Laufzeit: 104 Minuten

Hinter jedem Soldaten steht eine Frau, die ihn geboren hat. An der Front gibt es trotzdem keine Warnschilder für Mamas mit der Aufschrift „Besuche während der Schlacht nicht erlaubt!“. Daher wollen sechs unerschrockene Mütter im März 1945 ihre Jungs vom Internat bei Stettin abholen, um sie nach Hause zu bringen. Doch wie halbwüchsige Burschen eben sind; Krieg spielen, richtig schießen macht halt mehr Lunte und so türmen die pubertären Pimpfe zuvor aus dem Schlafsaal direkt an die Front. Da die deutsche Herrenrasse verzweifelt alles aufbietet, was auf zwei Beinen stehen kann, werden die Milchbubis dankbar aufgenommen und zur Kampfgruppe Dornberg in den Endsiegtaumel geschickt. Die hinterherreisenden, resoluten Frauen treffen auf harte Feldzugrealität, tiefe Resignation, blanken Soldatenzynismus („Ohne Schnaps, Mutti, wäre der Krieg doch gar nicht auszuhalten!“), aus dem zivilen Leben herausgerissene, von bewaffneten Scharmützeln ausgelaugte Männer die, trotz aller Unmenschlichkeiten, die Wehrmachtsgesetze nicht aufweichen. Wird es den waghalsigen Damen gelingen, ihre Söhne heimzuholen? In dieser Frage bietet die DVD ein alternatives Filmende an.

Wir erleben ein ergreifendes, beeindruckendes Melodrama, das die brutal-tragischen Auswirkungen des Zweiten Weltkriegs auf die Psyche des zivilen, familiären und militärischen Menschen schonungslos beleuchtet.

Klaus Kinski ist ein namenloser Wehrmachtsleutnant, der nach eigener Aussage schon lange nicht mehr gelacht hat. Der stramme Führer einer Truppe von kriegsmüden Versprengten aus anderen Kompanien tritt den beherzten Frauen stramm gegenüber. Seine desillusionierten Worte im Kasernenhofton klingen wie Peitschenhiebe. Klaus geifert fragend in die schweigende Runde: „Ist der Krieg aus?“. Umringt von Fassungslosigkeit befiehlt er sogleich die Erschießung eines plötzlich Verliebten, der deswegen hinschmeißen und türmen will. Ganze neun Filmminuten gehören dem Kämpfer Kinski, die er bis zu letzt mit Charisma ausfüllt. Es gelingt ihm mit wenigen Gesten, die ganze hoffnungsarme Tagesresignation des Krieges preiszugeben.

Mit Hilde Krahl, Ewald Balser, Rudolf Fernau, Maximilian Schell

Februar 2009, Januar 2018 und Januar 2021 bewertet

6. Hanussen

Regie: O.W. Fischer

Jahr: 1955

Laufzeit: 87 Minuten

Vorhang auf für: Hellseher Eric Jan Hanussen. Der Künstler hat eine charmante, magische Ausstrahlung, die er bewusst einsetzt, um seine Karriere in eine erfolgreiche Richtung zu steuern. Die Gier nach Ruhm verbunden mit gefälliger Selbstherrlichkeit, führt ihn in die frisch gewebten Netze der Nazispinnen. Seine plötzliche Vision vom brennenden Reichstag und weltweiten Bränden verunsichert die Ränke schmiedenden Nationalsozialisten erheblich. Sie greifen nach einem probaten Gegenmittel: die nächtliche Exekution des Propheten.

Die geschickt aufgebaute Spannung, das mystische Milieu des Geschehens garantieren eine intensive, nostalgische Fernsehunterhaltung mit Tiefgang.

Wie aus dem Nichts klopft eine eitle, aalglatte Grinsebacke namens Mirko von Spazier (Klaus Kinski) zielsicher an die Türe von Hanussen. Mit schwarzem Wrack, Fliege und vierblättriger Ansteckblume umgarnt das blonde Kinski-Bübchen geschmeidig-servil den Meister der Hellseherei. Im Laufe des Geschehens wird er sein Manager, Assistent und: Mörder! Nach dem Amtsantritt des neuen Reichskanzlers steckt sich der hundertzehnprozentig Überzeugte Mirko von Kinski voller Inbrunst in eine SA-Uniform und drängt jedem sein „Heil Hitler“ auf. Klaus verbreitet als umtriebiger, faschistischer Strippenzieher Mirko ein gefühltes Unbehagen. Er wirkt wie ein kleiner Skorpion, dem man lieber nicht zu nahe kommen möchte. Diese nicht greifbare Dämonisierung setzt unser dauerlächelndes Jüngelchen wirkungsvoll um!

Mit O.W. Fischer, Liselotte Pulver, Siegfried Lowitz, Erni Mangold

Januar 2012, Juni 2019 und April 2021 bewertet

7. Um Thron und Liebe – Sarajewo

Regie: Fritz Kortner

Jahr: 1955

Laufzeit: 95 Minuten

Anno 1914 fährt die österreichische „Firstlady“ Sophie mit Gatten Franz Ferdinand, dem selbstbewussten, sturen Erzherzog der Habsburger Regentschaft in die bosnische Hauptstadt; trotz zwiespältigem Pflichtbewusstsein, vielerlei Warnungen und miserabler Vorzeichen. Dort schmieden derweil vier fanatische serbische Unruhestifter Attentatspläne, weil sie ihren Freiheitswillen gefährdet sehen. Sie wollen keine Monarchie nach ösiländischer Prägung übergestülpt bekommen. Das Schicksal nimmt an Fahrt auf und steuert geradewegs hinein in den Ersten Weltkrieg.

Dieses historische Politdrama nach wahren Tatsachen wird fast in Echtzeit vorgetragen. Fiebrige Beklemmung entsteht durch das Wissen um schier Unvermeidliches. Im Mittelpunkt der aufwühlenden Geschehnisse thront das liebenswürdige Königspaar mit ihren nagenden Zweifeln. Man hat das irrationale Gefühl, zwischen den beiden zu hocken, so packend geht es zur Sache.

Der schwarzhaarige Oberlippenbartträger Klaus spielt den serbischen Eiferer Nedelko Cabrinovic. Nach 32 Minuten planungsvollem Gerede wird er immer angespannter. Ein Mitverschwörer beginnt weinerlich von der im Krankenhaus liegenden Mutter zu berichten. Kinski verliert darüber die Nerven: „Was ist denn!!!“, schreit er ihn an während ein Zittern durch seinen Leib geht. Diesen unvermittelt einsetzenden Stromstoß kann nur der „Meister“ so pulsierend inszenieren. Der Politideologe beruhigt sein blutiges Gewissen, in dem er in gewohnter Übertreibung verkündet: „Es ist besser, dass er stirbt, als Hunderttausende von Millionen.“. Dann sagt er leise Adieu zu seinen Kumpels, tippt sich an den Hut, geht tänzelnd zu seiner Liebsten. Sein Mädel wird zum Abschied von dem Mordbuben wild abgeknutscht. Der Lippensauger macht rasch die Fliege, um die Bombe zu schmeißen. Doch der übereifrige Wurf geht fehl. Osama bin Kinski wird geschnappt. Er windet sich wie ein tollwütiger Hund, muss von mehreren kräftigen Kieberern zum Verhör geschleppt werden. Auf dem Revier schlüpft er in die Rolle des Mister Großkotz. Blutig geschlagen, grölt er sarkastische Parolen und stimmt Hasslieder an. Am Ende kreischt der Verblendete einer verzweifelten Königin ins Gesicht „Wir wollen nicht mit Euch vereinigt sein!“. Die dosiert eingesetzten Kinski-Aufreger erhitzen die Filmtemperatur, beschleunigen unseren Puls.

Mit Luise Ullrich, Ewald Balzer, Friedrich Domin, Paul Hörbiger, Erika Remberg

Februar 2009, Januar 2018 und Januar 2021 bewertet

8. Waldwinter

Aka: Glocken der Heimat

Regie: Wolfgang Liebeneiner

Jahr: 1956

Laufzeit: 91 Minuten

Die angsterfüllte Warnung, dass ihr schlesisches Dorf in zwei Tagen zum Kampfgebiet wird, vertreibt die Bewohner zum Jahresende 1944 nach Falkenstein (Bayerischer Wald). Zehn Jahre später hat man sich in der Fremde halbwegs eingelebt. Mit den vor der Türe lagernden Quarzsanden und Bleioxiden will man nach guter alter Heimattradition eine Glashütte errichten. Nebenbei wird die ländliche Aufbaustimmung durch Intrigen sowie manchen Irrungen und Wirrungen der Liebe eingetrübt.

Der Film punktet mit einer imposanten Naturkulisse, liebenswürdigen Schauspielern und einer durchweg bewegenden Erzählung.

Otto Hartwig alias Klaus Kinski sitzt gedankenverloren mit Wehrmachtsuniform in der Gemeindekirche. Nach dem Kriege ist aus ihm ein verschlossener, grimmiger, angespannter Eigenbrötler geworden. In der Dorfkneipe lässt er schwermütige Melodien auf der Zither erklingen, verdingt sich etwas Zubrot beim grenznahen Schmuggel. Er hat sich sogar ein Mädel ausgeguckt, das er eifersüchtig vor den Provinzgrapschern beschützen will. In Filmminute 49 säuft Otto Kinski wie ein Loch, weil seine angebetete Süße ohne ihn dafür mit einem schicken Stadtschnösel unterwegs ist. Er wird deswegen gehänselt und explodiert sogleich vor Zorn. Er droht, schreit, wütet unter stetem Augenflackern: eine herrlich-heftige Kinski-Eruption mitten in der ländlichen Idylle! Er personifiziert in beeindruckender Weise den Ausgestoßenen, den Desillusionierten, den Entwurzelten, den Verlorenen. Der heimat- und menschenlose Kuhkaff-Klaus klammert sich verzweifelt an seine „Inge", um überhaupt etwas zu besitzen. Sie mag ihn angesichts seiner besitzergreifenden Eifersucht überhaupt nicht mehr leiden. Seine Lebensspur verliert sich eines hoffnungslosen Tages im tiefen Schnee und der angestammte Sitzplatz im Gotteshaus bleibt wohl für immer leer.

Mit Claus Holm, Gert Fröbe, Sabine Bethmann, Rudolf Forster

November 2001, Juli 2014 und März 2020 bewertet

9. Geliebte Corinna

Regie: Eduard von Borsody

Jahr: 1956

Laufzeit: 94 Minuten

Ein wehleidiger Theatermime ist der Klotz am Bein einer jungen Mitarbeiterin am Hamburger Tropeninstitut. Das patente Fräulein nimmt den aufdringlichen, mit sich selbst verkrachten Stenz nicht allzu ernst und trifft währenddessen unverhofft auf den 15 Jahre älteren Geschäftsmann Peter Mansfeld, der seit ebenso vielen Jahren in Malakka lebend eine Plantage besitzt. Während einer Europareise besucht er seine Geburtsstadt. Das Schicksal führt die frisch verliebte Corinna zwar kurzzeitig weg von ihrem Peter-Schatzi, aber die gemeinsamen Lebenswege werden sich in Hinterindien erneut kreuzen. Dort lodert allerdings die gelbe Flamme der Eifersucht auf. Die Noch-Ehefrau vom Peterle scheint jeden in der näheren Umgebung in ihren hochprozentigen Lebensabgrund mit hinein reißen zu wollen.

Ein reizvolles, aufregendes Liebesdrama aus zwei Erdteilen bekommt man hier zu sehen. Hannelore Schroth brilliert in Asien rauschhaft gut als versoffene tyrannische Gattin. Den europäischen Teil dominiert freilich unser Lieblingsegomane, über den es im Film heißt: „Sie nehmen sich zu wichtig junger Mann!“.

Kinski gibt den Klaus Brockmann, eine hypersensible, hoffnungslos in Corinna verliebte Bühnentype. Er orakelt, die Hauptrolle im „Prinzen von Homburg“ vielleicht doch nicht zu kriegen, da „die Leute über mich lachen, nur weil ich wirklich weine“. Er stellt bekümmert fest: „ Ich kann doch eine Rolle nicht einfach so spielen.“. „Ich empfinde wirklich und leide.“. „Monatelang habe ich mich abgeschunden wie ein Vieh.“. „Den Regisseur habe ich angeschrien.“. „Ich kann es doch nicht so machen, wie er es will!“. Diese sechs Sätze könnten aus seinem eigenen Leben stammen, denn Klaus Kinski sprach davon (siehe hierzu auch Rezensionsnummer 104), dass ihn die Theaterrollen derart auslaugten, dass er damit aufhören musste. Mit flackernden Napfaugen und leiser, sonorer Lautbildung nimmt er uns und seine Angebetete gefangen. Diese in Selbstmitleid badende, tief verunsicherte, anmaßend verliebte Leidenskreatur namens KINSKI schleicht zusammengesunken umher, schmeißt pathetische Worte in den Raum, ist vom Theater und Corinna zutiefst enttäuscht und kegelt sich mit einem Kopfschuss selber aus der Gegenwart. Der armen Conny werden von Freunden des Selbstmörders die Fensterscheiben eingeschmissen. Daraus schlussfolgert sie: „Klaus war eben doch beliebter, als er wusste.“. Bleibt noch anzumerken: Klaus Kinski demonstriert allein bei dieser frühen kurzen Darstellung sein schauspielerisches Ausnahmetalent.

Mit Elisabeth Müller, Hans Söhnker, Hannelore Schroth

Oktober 2001, Juni 2014 und Mai 2020 bewertet

10. Zeit zu leben und Zeit zu sterben

Aka: Zeit zu lieben und Zeit zu sterben; A Time to love, A Time to die; Le Temps d`aimer, Le Temps de mourir

Regie: Douglas Sirk

Jahr: 1957

Laufzeit: 126 Minuten

Im Kriegsjahr 1944 hat man als feldgrauer Armeeangehöriger kaum Gelegenheit, sein angesammeltes Frontgeld auszugeben. An den stetig wackelnden Gefechtslinien ist sowieso nur Zeit zum Sterben, denn der „Iwan" ist schon in Hörweite. Wehrmachtskämpfer Ernst Gräber hat nach zwei Jahren endlich Fronturlaub. Daheim kann er für drei Wochen alle viere von sich strecken und den Sold verpulvern. Doch sein zerbombtes Elternhaus, Straßen voller trümmerbeladener Trauer sowie vor Fliegerangriffen warnende Sirenen verhindern eine heimelige Rückkehr in die traute Umgebung. Einzig die erwachsen gewordene Nachbarstochter Elisabeth steht für ein Fünkchen Normalität. Die Liebliche weigert sich, Angst zu haben, hofft, dass ihr Vati bald aus dem KZ entlassen wird. Der Frontsoldat und die Heimatfrau erspüren einander, heiraten nach zwei Wochen aus zukunftsgläubigem Trotz und genießen sich bis zum letzten Urlaubstag. An die deutsch-russische Kampflinie zurückgekehrt, ist für den Ehegatten alles wie eh und je: Es wird gehungert, geschossen und gestorben. Kann er seine Lisa eines friedliebenden Tages wieder in seine Arme nehmen?

Diese düstere, packende Handlung zeigt markante, manchmal nur angedeutete Facetten der harten Realität des teilweise arg schizophrenen Kriegsalltags. Dadurch entfaltet sich eine bedrückende, aufrichtige Tiefe. Der orchestral-emotionale Miklos Rosza-Score und glaubwürdige Darsteller bescheren einen Filmgenuss voller Emotionen.

Nach einhundert Filmminuten begleitet uns die Kamera in den Keller der Gestapo. Hinter dem Bürotresen des Zimmers 72 steht SS-Untersturmführer Klaus Kinski in dunkler Uniform mit böse funkelnden Runen am Revers. In bürokratischer Beamtenmanier händigt er dem Ehemann die Asche des toten Brautvaters in einer Zigarrenkiste aus. Auf die ungläubige Frage: „Todesursache, Herzleiden?", antwortet Sachbearbeiter Klaus zynisch-verwundert: „Natürlich, was sonst?". Danach stemmt der braune menschliche Amtsschimmel seine Arme in die Hüften, ermahnt in bürgerfremder Verwaltungssprache: „Todesanzeigen sind nicht erlaubt, ist das klar!". Es ist verblüffend mit anzusehen, wie Herr Kinski mit seiner herzlosen Aussprache diese zwei Filmminuten ausgestaltet. Abermalig bringt er die Unmenschlichkeit der selbst ernannten Übermenschen auf den markanten Punkt.

Mit Lilo Pulver, John Gavin, Agnes Windeck, Dieter Borsche, Charles Regnier

Januar 2010, Mai 2018 und Februar 2021 bewertet

11. Der Rächer

Aka: Le Vengeur defie Scotland Yard; The Avenger

Regie: Karl Anton

Jahr: 1960

Laufzeit: 95 Minuten

Ein Kopfjäger treibt schamlos sein Unwesen. Er enthauptet in selbstjustiziabler Manier zumeist Personen mit schurkischem Einschlag. Das zwölfte Opfer war ein spionageverdächtiger Beamter des Außenministeriums. Daher beteiligt sich der Nachrichtendienst an den laufenden Ermittlungen. Ein sachkundiger „Schlapphut" nimmt die Fährte auf und landet schnell bei der „Savoy Filmproductions", die mit Außenaufnahmen auf zwei benachbarten Schlössern beschäftigt ist. Die sonderbaren Besitzer dieser barocken Anwesen verfügen über ausgeprägte Eigenarten und tief sitzende Macken. Vereinzelte Filmtypen vom Set haben scheinbar ebenfalls aufgeplusterte Meisen unterm Pony zu wohnen. Beide „Zielgruppen" machen sich durch ihr merkwürdiges Verhalten arg verdächtig. Der Geheimdienstmann muss nun herausbekommen, wer von diesen überspannten Nasen obendrein zu derartigen Morden fähig sein könnte.

Knackige Gags und ironische Sätze über das Filmgeschäft sowie ein Potpourri an skurrilen Charakteren, allen voran der ekelhaft überzeugende Lust- und Suffmolch Benno Sterzenbach, machen die schauerliche Wallace-Verfilmung des Goldmann Taschen-Krimis Band 60 sehenswert. Nach abenteuerlicher, detektivischer Kleinarbeit wird der Rächer zu guter Letzt enttarnt.

Klaus Kinski betritt mit runder Brille, Anzug, Krawatte und Sommerhut die Bühne als Dramaturg Lorenz Voss, bei dem es sich um ein verhindertes Talent handelt, der Bühnenautor oder Regisseur werden wollte; sich aber dem Suffe ergeben hat. Klaus Voss liefert köstlich hingeschmissene Dialogfetzen, ätzt mit verachtender Gebärde gegen den am Set herumschnüffelnden „Stasimann". Nach dem Rauswurf aus der Filmcrew träumt der kleine Klaus von der großen Kohle. In Minute 63 enden die schönen Gedanken, denn sein Köpfchen landet als Opfer Nummer dreizehn in einer Hutschachtel. Mister Merkwürdig fügt sich erlesen ein in diesen seltsam-faszinierenden Schinken.

Mit Heinz Drache, Siegfried Schürenberg, Ingrid van Bergen, Friedrich Schönfelder

März 2008, Februar 2017 und Januar 2021 bewertet

12. Die toten Augen von London

Aka: Geheimnis von London; Dead Eyes of London; Les mysteres de Londres

Regie: Alfred Vohrer

Jahr: 1961

Laufzeit: 95 Minuten

In den undurchdringlichen Londoner Nebelnächten ertrinken gelegentlich wohlhabende Männer aus Übersee in der Themse. In ihren Manteltaschen finden sich verstümmelte Botschaften in Blindenschrift. Scotland Yard kommt dies allzu bekannt vor, ist sich deshalb sicher, dass die ausgebuffte Bande sehunfähiger Hausierer des garstigen Jack, die sich einst realitätsverspielt „die toten Augen von London" nannten, hinter diesen heimtückischen, gezielten Morden steckt. Alle suspekten Fäden führen zielstrebig zur Greenwich-Versicherung und zu einem kirchlichen Blindenheim für Obdachlose. Wer ermordet scheinbar gewissenlos vermögende Touristen? Womit tarnt sich der Unhold, um die raffgierige Triebfeder der grausigen Taten zu verbergen?

Den Antworten wird in diesem besonders schauererregenden, unheimlichen Wallace-Prachtexemplar mit klarem Blick hartnäckig nachgespürt. Die umherwabernden, disharmonischen elektronischen Soundeffekte verlängern die aufrechte Position unserer Nackenhaare.

Klaus Kinski verkörpert mit verspiegelter Sonnenbrille und kultigem Timbre den Sekretär einer Versicherungsfirma namens Edgar Strauss. Dieser Hallodri saß mal wegen Urkundenfälschung zwei Jahre ab; verschweigt dies aber aus nahe liegenden Gründen seinem Arbeitgeber. Nach einigen Bildern zum warm gucken, dürfen wir Herrn Kinski am Roulettetisch in einem unvergesslichen Dialog mit Flimmer-Fred bewundern. Seine Rezitationsgestählte, leise vibrierende Tonalität gleitet nur so dahin. In Filmminute 75 muss sich Klaus „verabschieden", denn er wird von grober Hand unsanft in die meterlange Tiefe geschmissen. Zuvor bettelt er verzweifelt um sein Leben, hechelt lauter Unschuldsbeteuerungen, wobei die legendäre Kinski-Stirnader gewaltig pocht.

Mit Blacky Fuchsberger, Adi Berber, Dieter Borsche, Karin Baal, Eddi Arent

Oktober 2003, Juni 2015 und Juli 2020 bewertet

13. Das Geheimnis der gelben Narzissen

Aka: The devils Daffodil; Daffodil Killer; Le narcisse jaune intrigue Scotland Yard

Regie: Akos von Rathony

Jahr: 1961

Laufzeit: 90 Minuten

Die Scotties vom Yard, eine Zollspürnase von „Global Airways“ und ein zitatenfester Beamter der Rauschgiftabteilung aus Hongkong schließen sich zusammen und haben alle Hände voll zu tun. Das ungleiche Bündnis versucht, den sogenannten Narzissenmörder dingfest zu machen und gleichzeitig die Hintermänner des Heroinauftrages „Kunstblume“ einzulochen. Dreh- und Angelpunkt des rauschhaften Geschehens sind zwielichtige Gestalten beiderlei Geschlechts aus dem obskuren Cosmos-Club. Schrittweise verlieren die Blumen ihre Geheimnisse, treten private Obsessionen ungeniert zutage. Opfer, Täter, Jäger, Gejagte geben sich ein Stelldichein, bis am Ende die Maske des Todes gelüftet wird.

Zwar sind einige der üblichen Wallace-Mimen mit an Bord, doch die britisch-asiatischen Gewürze sind in der Überzahl; sorgen für den etwas anderen Krimigeschmack. Die Stimmung ist durchweg spannungsgeladen und am Ende sieht man vor lauter Verdächtigen nicht mehr die gelben Osterglocken auf der Verbrecherwiese blühen.

Klaus Kinski setzt seine Duftmarke unter dem Namen Peter Keene, der angeblich noch nicht mal zum richtigen Verbrecher taugt. Der servile Bürobote mit nebenberuflichem Kellnereinkommen und blütendunkler Weste vergöttert seinen widerlichen Brötchengeber und verteidigt ihn gegen jede noch so kleine schäbige Bemerkung. Hier faucht der Kinski-Kater im Angriffsmodus: „Was gibts denn da zu lachen?“, da springt der Stubentiger auf leisen Wortsohlen greinend von hinten in unser Genick: „Waren sie schon mal so richtig im Eimer...“. Seine „Kesselnieten“ gemeinsam mit dieser besonderen Stimmmodulation saugen einen aufs Neue förmlich hinein in den Fernseher.

Mit Ingrid van Bergen, Sabina Sesselmann, Albert Lieven, Jan Hendricks

Dezember 2010, März 2019 und April 2021 bewertet

14. Bankraub in der Rue la Tour

Aka: Bankraub

Regie: Curd Jürgens

Jahr: 1961

Laufzeit: 88 Minuten

Brav und bieder scheinende Männer werden unsanft von übellaunigen Erzhalunken in eine Sauna eingesperrt. Nun sinnen sie darüber nach, wie es dazu kommen konnte. Rückblick: Der ehrliche, einfältige, bauernschlaue, dauerverliebte Geschäftsfilou Cliff sieht finanziell kein Land mehr. Er will es deshalb gerne mal so monetär hinbekommen wie die echten Gangster. Dafür geht er in die Lehre bei zwei windigen Schmalspurganoven. Per Zufall gabeln sie die Idee auf, vor der Bank einen fiktiven Kriminalfilm zu inszenieren, um währenddessen den realen Raub durchzuziehen. Bis das abenteuerliche Unterfangen starten kann, ist noch so manche Nuss zu knacken, weitere „Verbündete" ausfindig zu machen und das unfreiwillige Dampfbad zu überwinden, damit endlich ein neuer geldsorgenfreier Lebensabschnitt beginnen kann.

Diese heiter beschwingte, seichte Freizeiträuberkomödie ohne großen inhaltlichen Tiefgang bringt Vergnügen in die Stube. Die vorgegaukelte Coolness wird alle naselang von wohltuend unverhohlener Selbstironie geschickt ausgebremst.

Das Salz in dieser Filmsuppe wird uns im eleganten Smoking mit Namen Bex, seines Zeichens Dichter und Drehbuchautor vorgestellt. Herr Kinski knallt uns diesen Größenwahn-Stenz um den Latz, der hemmungslos egoman sein Drehbuch „Schwarzer Himmel" mit den Worten anpreist: „Der größte Film, den ich jemals geschrieben habe!". Mit Stielaugen und entrückter Redeweise referiert er sogleich aus dem Inhalt. Das aufdringliche Schreibgenie muss zwecks Verfilmbarkeit nur noch einen Bankraub „unterbringen". Für diesen „Einfall" ist er sogleich Feuer und Flamme. Mit einer gehörigen Portion Kinski-Eigensinn herrlich überzogen, gibt es Schenkelklopferdialoge wie den hier: „Ohrfeigen werd' ich dir geben!", droht sein Geschäftspartner. Klaus schwult zurück: „DU MIR?". Kippenonkel Kinski grinst am Ende wie ein Honigkuchenpferd, denn er darf auf dem Regiestuhl Platz nehmen und fängt augenblicklich an, mit seinen Händen imaginäre Filmbilder zu formen, kommandiert, dirigiert, arrangiert aus vollstem Herzen. Klausi-Mausi schmeißt sich richtig ins Zeug. Heraus kommt die feine Darstellung einer affektierten, ICH-Bezogenen, hypersensiblen Künstlerfigur.

Mit Curd Jürgens, Charles Regnier, Peer Schmidt, Christiane Nielsen

Februar 2004, Juli 2015 und Juli 2020 bewertet

15. Die Kurve

Regie: Peter Zadek

Jahr: 1961

Laufzeit: 59 Minuten

Rudolf und Anton sind zwei Brüder, die einsam in den Bergen leben, da wo die Straßen viele sich schlängelnde Kurven haben. Das Fehlen eines diesbezüglichen Hinweisschildes kann unerwartet zum Tode führen. Vierundzwanzig derartige Unglücksfälle gehen auf das Konto der beiden Serientäter. Eine unschuldige Welt vorgaukelnd, repariert der handwerklich begabte Rudolf die geborgenen Unfallautos für den Weiterverkauf. Bruder Anton hingegen hat zwei linke Hände und schreibt lieber gewissenlose Eingaben, weil die von ihnen selbst regelmäßig abgeschraubten Verkehrsschilder fehlen. Nebenher feilt er an der Kunst der freien Grabrede. Doktor Erich Kriegbaum, seines Zeichens Beamter beim Ministerium für Straßenbau, bearbeitet unter dem Aktenzeichen „Kurve" sämtliche Beschwerden aus diesem vermeintlich ordnungsliebenden Haushalt. Um sich ein Bild von den Geschehnissen vor Ort zu machen, unternimmt er eine Dienstreise dorthinaus. Der Bürokrat ahnt nicht, dass er recht bald seiner eigenen Begräbnisrede lauschen wird.

Dieser morbide TV-Schwank verbreitet trotz unheilvoller menschlicher Niederträchtigkeiten eine höchst sonderbare bayerische Gemütlichkeit. Ein echtes Unikum und vor allem eine faszinierende, seltene cineastische Kinski-Kostbarkeit.

Klaus Kinski stellt in diesem Fernsehspiel den Anton dar; einen etwas einfältigen, naiven, gleichwohl wie gedruckt daher redenden Landbuben. Seppl-Klaus steckt barfüßig in einer Latzlederhose und schwätzt über die Philosophie des Lebens. Er wirkt traumversunken, geistig umnachtet, scheinbar der realen Welt entrückt, wenn seine Magnetaugen beim Erzählen plötzlich in die Ferne schweifen und dort grundlos verweilen. Hinzukommen seine wohl artikulierte lyrische Sing-Sang-Aussprache und der drohende Kinski-Zeigefinger. Dorfjunge Klaus lässt sogar einmal die Zither erklingen („Waldwinter" lässt grüßen.). Makabrer Höhepunkt ist seine Rezitation der Grabrede für den (noch) lebenden Todeskandidaten.

Mit Gernot Duda, Helmut Qualtinger

Mai 2001, März 2014 und April 2020 bewertet

16. Die seltsame Gräfin

Aka: The strange Countess

Regie: Josef von Baky

Jahr: 1961

Laufzeit: 91 Minuten

Habgierige, dem Irrsinn anheimgefallene Rechtsbrecher weben ein boshaft-geheimnisvolles Netz um das Mädchen Margaret. Das arme Ding wird belauert, betrogen, gefangen genommen und um Haaresbreite mehrmals gemeuchelt. Das Motiv der schrecklichen Taten steckt zweifellos in der Mordakte Mary Pinder. Zur Entwirrung all der ausgeworfenen Fäden muss allen möglichen und unmöglichen Spuren nachgegangen werden. Gelingt es der Polizei, das Leben und den Verstand von Maggie zu bewahren?

Für Wallace-Verhältnisse ungewöhnlich, erleben wir relativ harte Kost ohne ironischen Einschlag. Die Atmosphäre lodert, die Umwelt wird immer wahnhafter. Eine Handvoll verdorbener Charaktere betritt den Schauplatz des Schreckens! Man hat irgendwann das beklemmende Gefühl, selber eine Zwangsjacke anzuhaben.

Passend dazu dürfen wir in der ersten Einstellung sogleich Klaus Kinski beobachten: Als verrückter Kerl namens Stuart Bresset schleicht er gedankenverloren durch die Straßen, um eine Telefonzelle zu suchen. Der schattengleiche Anrufterrorist mit lockeren Schrauben im Gemüt ruft permanent im aufdringlichen Tonfalle bei Margaret an. Dabei kann Klaus seine unverwechselbare Stimme manisch-temperiert platzieren. Klapsen-Klaus ist Dauergast mit Freigängerbonus in einer Irrenanstalt. Er darf leihweise raus, um Unheil zu stiften. Beim abendlichen Einschluss tobt der geistig Ermattete verzweifelt und wutentbrannt. Dabei schreit er im Heulmodus-Stakkato: „Ich bin doch gesund". Sein Spiel ist voller Intensität, geht unter die Haut und wirkt noch lange nach. Kein Wunder, dass ihn Wolfgang Schleif ein Jahr später die Hauptrolle in „Der rote Rausch" (siehe Rezensionsnummer 19) gegeben hat. Dieser „seltsame" Wallace könnte von der Story her locker als Vorläufer des „Roten Rausch" durchgehen. Schließlich entweicht dort der Kinski aus einer Bewahranstalt für kriminelle Geisteskranke und landet prompt bei: Brigitte Grothum. Daher sollte man sich beide Filme ruhig mal hintereinander gönnen.

Mit Lil Dagover, Rudolf Fernau, Fritz Rasp, Blacky Fuchsberger, Eddi Arent, Edith Hanke

November 2008, Juli 2017 und Januar 2021 bewertet

17. Das Rätsel der roten Orchidee

Aka: Gangster in London; Das Rätsel der goldenen Orchidee; L`Orchidee rouge; The mystery of the red orchid; Secret of the red orchid; The puzzle of the red orchid

Regie: Helmuth Ashley

Jahr: 1961

Laufzeit: 80 Minuten

Chicago 1960: wegen zu viel Dreck am Stecken werden zwei rivalisierende Banden von der bundespolizeilichen Ermittlungsbehörde des US-Justizministeriums außer Landes vertrieben. Ein Jahr später haben sich die Gangster in London kriminell eingerichtet und betreiben dort ihre Erpressergeschäfte auf Kosten vermögender Herrschaften weiter. Aus purer Habsucht fangen sie eines bleikugeligen Tages sogar an, sich gegenseitig aus dem Leben zu kegeln. Das zuständige Polizeidezernat ist aufgeschreckt, aber machtlos, weil ihnen die Verbrecher dank eines „Fuchses im Hühnerstall" ständig einen Schritt voraus sind. Das FBI muss nun her, um dem amerikanischen Treiben auf europäischen Boden ein Ende zu bereiten.

Das Gaunerstück brilliert durch vorzüglichen britischen Humor, dem sich sogar die Musik auf elegante Weise anpasst. Mittendrin entwickelt sich ein gechilltes Katz und Maus-Spiel. Todesbutler Eddi Arent gibt süffisant ätzende Kommentare von sich, und wenn Fräulein Minelli völlig ungeniert in „Die toten Augen von London" schmökert, wird klar, dass sogar die Leutchen hinter der Kamera ihren Spaß hatten.

Der adrette Besitzer eines exquisiten Rauchwarenladens schmückt sein Köpfchen mit einem Stetson, trägt einen eleganten Mantel mit breitem Pelzkragen, einen Spazierstock und pomadisiert streng sein Haar. Kein Wunder, dass man diesen „schönen Steve" mit dem dandyhaften und dauerqualmenden Kinski besetzt hat. Ein abgründig agierender Klaus stellt die rechte Hand eines Unterweltbosses dar. Der sanfte Tierfreund mit kriminellem Einschlag hockt ungeniert inmitten seiner konspirativen Brieftäubchen, befestigt liebevoll unerlaubte Botschaften an deren Beinchen. Er kann darüber hinaus ein unsanft fordernder Verhandlungsführer ohne Nerven sein, der erbarmungslos mit der Gegnerschaft um Prozente feilscht. Nachdem man hinterrücks auf ihn geschossen hat, kann er noch im Sterben rachsüchtig sein Spazierstockmesser in den Mörderwanst piksen. Zuvor führt uns der galante Ganove mit hypnotisierendem Blicke und dahinplätschernder Sprachmelodie durch den Streifen.

Mit Eddie Arent, Christopher Lee, Pinkas Braun, Adrian Hoven, Marisa Mell

Dezember 2001, September 2014 und Mai 2020 bewertet

18. The Counterfeit Traitor

Aka: Verrat auf Befehl; Trahison sur commande; Espia por Mandato

Regie: George Seaton

Jahr: 1961

Laufzeit: 140 Minuten

Es begann im Jahre 1942 in Stockholm. Der nach Schweden ausgewanderte amerikanische Kaufmann Eric Erickson macht trotz des Antichristen Hitler scheinbar unpolitische Geschäfte mit Ölfirmen aus dem Deutschen Reich. Der englische Geheimdienst droht ihm dafür mit wirtschaftlichem Ungemach und erpresst von Eric eine diskrete Zusammenarbeit unter dem Decknamen „RED". Nun soll der frischgebackene inoffizielle Mitarbeiter den aufgeklärten Naziversteher mimen, mittels „Faustpfändern" einige deutsche Handelspartner anwerben, um mit deren Hilfe an die (Bombenziel)-Standorte chemischer Fabriken heranzukommen. Das riskante Unterfangen gelingt zwar, aber die germanischen Sinnesorgane sind überall, wittern an jeder Ecke Verrat. Es gelingt ihm wiederholt, potenzielle Angriffsobjekte auszuspähen und den Gestapo-Häschern in letzter Sekunde zu entkommen. Leider Gottes pflastern geliebte Leichen und enttäuschte Vertraute seinen klandestinen Weg. Deswegen nagt unaufhörlich Selbsthass an seinem Bewusstsein.

Der an Originalschauplätzen gedrehte Film mit Überlänge ist ein emotional-berührendes, kitschfreies, mitreißendes Charakterdrama um Mitverantwortung und moralischem Gewissen.

Nach 7800 Sekunden hat das Warten ein Ende. Die Kamera richtet ihr Objektiv auf Klaus. Im Obergeschoß einer Mühle in Kopenhagen liegt der halb tote Kindler alias Kinski auf dem kargen mehligen Boden. Der an Tuberkulose leidende jüdische Flüchtling ist nur am Schwitzen, Fiebern, Röcheln. Der todkranke Gelbsternträger muss vorsichtshalber den Verschlag aufgeben. Dabei gerät er ins Stolpern und wird gestützt. Dabei plumpsen aus dem verweinten Mund von Kläuschen leise flüsternd die Worte: „Ich kann nicht". Auf dem rettenden Fischerboot in ein Versteck gepfercht, stopft man dem keuchenden Kinski ängstlich ein Taschentuch zwischen die Zähne, damit die herannahende Faschistenpolizei ihn nicht bemerkt. Der Zerschundene japst qualvoll wie ein Fisch an Land. Die braune Gefahr geht zwar vorüber, aber der Tod hat in dem Körper des Verborgenen unwiderruflich Einzug gehalten. Seine wenigen, aber ausdrucksstarken Elendszenen sind kriegsecht und meisterlich dargestellt.

Mit Lilli Palmer, William Holden, Werner Peters, Charles Regnier, Hugh Griffith

Januar 2010, Mai 2018 und Februar 2021 bewertet

19. Der rote Rausch

Regie: Wolfgang Schleif

Jahr: 1962

Laufzeit: 86 Minuten

Gesucht wird... nicht Jesus Christus, sondern Josef Stief, der laut ärztlichem Bulletin „im Zustand der Sinnesverwirrung vier Frauen im Sexualrausch erwürgt hat und besonders gefährlich ist, weil er sich seines Zustandes nicht bewusst ist.“. Laut Irrenarzt der Bewahranstalt für kriminelle Geisteskranke hat der Jupp in seinem Leben niemals so viel Liebe bekommen, wie er gefordert hat. Das medizinische Fazit lautet nüchtern: „Solange er sich verstanden fühlt, hatte er keine Konflikte mit seiner Umwelt.“. Doch die Realität sieht anders aus, wenn der teuflische rote Rausch in Form einer Korallenkette über ihn kommt. Seine Hände wollen sodann zwanghaft Weiberleben auslöschen. Nach sechs Jahren Eingesperrtsein flieht nun dieser unauffällig gewordene Mörder aus der Klapse, nennt sich Martin, meidet weitestgehend Korallenkettchen und nistet sich bei lieben Leutchen in einem Grenzdorf ein. Ein hereinflatternder Steckbrief zeigt den Dörflern eines verblüfften Tages das wahre Ich vom schüchternen, kinderlieben, hilfsbereiten Martin. Zu seiner eigenen Sicherheit flieht der sesshaft gewordene Angstmacher panisch zurück in seine gepolsterten Gemächer.

Eine solide, streckenweise recht packende Romanverfilmung mit Thrillerelementen, die aber ohne Herrn Kinski in deutlich unaufgeregterem, seichterem Fahrwasser unterwegs gewesen wäre! In der Tat erleben wir eine phänomenale frühe Tour de Klaus, die seinesgleichen sucht.

Mit seiner samtweichen, leisen, fast singenden, auf Zehenspitzen daherkommenden Sprechweise, verbunden mit weit geöffneten Angstaugen, beherrscht Kult-Klaus in seiner ersten Hauptrolle als Josef (Martin) Stief jede Einstellung und jeden Satz. Der Kinski-Rausch erlebt seinen Höhepunkt, wenn er mit Stoffpuppe in der Hand für ein kleines Mädchen die Kurzgeschichte „Der selbstsüchtige Riese“ von Oscar Wilde rezitiert (zwei Jahre zuvor von Kinski auf Schallplatte aufgenommen). Klaus Kinski verbreitet im Film eine intensive Anspannung gepaart mit Naivität, leichter Debilität, Leidenschaft, Zerbrechlichkeit und Mitgefühl. Ergänzen muss man noch den Traktor fahrenden Klaus: Es ist schon ein besonderer Anblick, wenn sich Genossenschaftsbauer Kinski souverän auf den Bock hievt, den Gang reindrückt und mit Schiebermütze sowie „Lulle“ im Mundwinkel lässig die Dorfstraße entlang tuckert.

Mit Brigitte Grothum, Dieter Brosche, Herbert Fux, Sieghardt Rupp

November 2000, September 2011 und Januar 2020 bewertet

20. Die Tür mit den 7 Schlössern

Aka: La porte aux sept serrures face a Scotland Yard; The door with seven locks

Regie: Alfred Vohrer

Jahr: 1962

Laufzeit: 91 Minuten

An dem jeweiligen Hals von sieben engen Vertrauten des altehrwürdigen Lords Angus Selford hängt eine Kette mit einem Schlüssel. Diese sieben kleinen Zugangskontrollen öffnen auf dessen herrschaftlichen Anwesen nur gemeinsam eine alte Tür, hinter die sich der sagenumwobene Familienschatz befindet. Die menschlichen „Schlüssel"-Figuren verbergen wiederum allesamt eine dunkle, böse Verfehlung. Ein mörderischer Jemand trachtet ihnen nach dem Leben und nach den Schließwerkzeugen. Die wackeren Spürnasen vom „Yard" nehmen die Witterung auf. Eine kunterbunte Ansammlung mittel- und schwergestörter sowie mord- und raffgieriger Gestalten kreuzt fortwährend den Ermittlungsweg.

Diese routiniert dargebotene Edgar Wallace-Verfilmung aus deutschen Landen lädt wunderbar zwanglos zum Mitfiebern und Miträtseln ein. Das rundum fiese Spiel der charakterlich komplett verdorbenen Herren Werner Peters/Pinkas Braun ist eine schauspielerische Wonne. Der Golem vom Dienst in Gestalt von Adi Berber sorgt ebenfalls für wohlfeiles Gruseln.

Unmittelbar zu Beginn ist Meister Klaus erstmalig gleichsam letztmalig zu sehen: Strauchdieb Pheeny Kinski, das zweibeinige Nervenbündel mit Ledermantel, Melone und komischem Kribbeln im Gedärm, schneit aufgeregt im trauten Heim des Inspektors herein. Vorbeilärmende Züge, kaputte Wanduhren, Radiogeschrei, Zaubertricks und penetrantes Telefongebimmel lassen Schreckgespenst Klaus fahrig werden, fast aus dem Anzug kippen. Im typischen Kinski-Slang schwatzt der ungebetene und um Asyl bettelnde Gast satte drei Minuten über Verfolgungsängste, hetzt wie ein flüchtender Feldhase sein heimliches Wissen von der Tür mit den sieben Schlössern heraus. Ein paar vorbeikreischende Eisenbahnen später plumpst ein erdrosselter Pheeny aus dem Kleiderschrank und vor die Füße des heimgekehrten Polizeibeamten. Aber nun fehlt leider Gottes achtzig Minuten lang etwas: Die gewohnten weiteren kleinen Szenen mit Kinski, auf die man sich ja stets in einem Wallacefilm gefreut hat.

Mit Eddi Arent, Heinz Drache, Sabine Sesselmann, Sigfried Schürenberg

Dezember 2003, Juni 2015 und Juli 2020 bewertet

21. Das Gasthaus an der Themse

Aka: Le requin harponne Scotland Yard, The Inn on the river, L`Auberge de la tamise

Regie: Alfred Vohrer

Jahr: 1962

Laufzeit: 89 Minuten

Tantchen Nelly führt mit Onkelchen Willy eine urige Hafenspelunke namens MEKKA. In ihrem an der Themse gelegenen, zwielichtigen Gasthaus wird getwistet, geraunt, geschmuggelt, gemeuchelt. Die naiv-süße, fast volljährige Nichte Laila wurde Weihnachten 1945 von den beiden in Pflege genommen. Die Kneipenwirtschaft wurde ihr Zuhause und sie hilft tatkräftig aus. Eines durstigen Tages geht das Gerücht um, bei ihr handele es sich in Wahrheit um eine vertauschte Prinzessin aus der Hocharistokratie, die jede Menge Zaster erben soll. Ein Unbekannter mit dem wässrigen Spitznamen „Hai“ schwimmt öfter mal besonders in der Nacht raubend und mordend durch die Gegend und hat mit seinem finsteren Begleitschwarm aktuell ein verbrecherisches Auge auf den Nachlass des Mädchens geworfen. Wer der knorpelfischige Homo sapiens ist, wird an dieser Stelle nicht verraten.

Diese swingende Wallace-Verfilmung besticht durch wasserfeste Dialoge, harpunierendem Humor und einem feucht-fröhlich fesselnden Rateplot.

Der potenzielle Bösewicht Klaus -Gregor- Kinski, mit Bärtchen und schriller Krawatte, wird uns nach wenigen Minuten unter die Sehwerkzeuge gerieben. Unerwartet aus dem Nichts auftauchend raunt er jedem, der es nicht hören will, verschwörerisch zu: „Mein Name ist Gubanow, „Gewürze-Import-Export“. Gregor G. wirft zur Tarnung mit russischen Redensarten um sich und im Fortgang wird klar, dass er professioneller Spezialagent Nummer 17 der Polizei ist. Der Offizier im besonderen Einsatz wohnt auftragsgemäß im Beobachtungsobjekt MEKKA. Er bespitzelt auffällig-unauffällig die Wirtin und deren ominöse Machenschaften. Auf leisen Sohlen verlassen ostslawische Sinnsprüche sein nach Neuigkeiten schnappendes Mäulchen. Später liefert sich Kundschafter Kinski einen lautlosen Unterwasserlebenskampf mit dem menschlichen Hai, den er mangels wässriger Erfahrungen verliert. Seine eingestreuten Auftritte ähneln in der Tat Gewürzprisen, die in den Filmtopf rieseln und für den speziellen Geschmack sorgen.

Mit Blacky Fuchsberger, Brigitte Grothum, Jan Hendriks, Siegfried Schürenberg, Eddi Arent

Dezember 2009, März 2018 und Februar 2021 bewertet

22. Der Zinker

Aka: The Squeaker; L`Enigme du serpent noir

Regie: Alfred Vohrer

Jahr: 1963

Laufzeit: 85 Minuten

Ein geheimnisvoller, mörderischer Erpresser malträtiert die Londoner Unterwelt, weil er über ihre krummen Touren bereits im Vorfeld gut informiert ist und immer einen gewissen Anteil der jeweiligen Beute für sich geltend macht. Als Gegenleistung verzinkt er sie nicht an die Polente. Die bösen und die guten Bürschchen versuchen mit allen Tricks den Unheimlichen zur Strecke zu bringen. Alle warten auf den erlösenden Ruf: Das Spiel ist aus: Zinker! Bis es so weit ist, gelangen noch so einige Spritzer Schlangengift in die Verfolgerblutbahnen.

Es erwartet uns ein launiger, behaglicher „Wallace“, aufgepeppt mit eingestreuten Extravaganzen und leisem Humor in Wort, Bild & Ton. Eingerahmt wird der Krimi von einer sympathischen Schauspielriege.

Mit einem Viehtransport kam Alexander Krischna Jefferson alias Kinski irgendwann von irgendwoher. Der Staatenlose landete in der Tierhandlung Mulford. Klaus Wallace hat bei seinem Part des stummen, gehorsamen, eigenwilligen Pflegers recht bizarre Szenenabfolgen zu bewältigen: Mit Knarre nebst Gummistiefeln stapft er ungeniert durchs Bild, schießt das Licht aus, haut den anderen Mitarbeiter kurzerhand nieder. Später entsteigt er einer Kiste und krabbelt mit glasigem Blicke über zwei Riesenschildkröten. Ein anderes Mal liegt „Ein Herz für Tiere“-Klaus auf seinem Bettchen und knutscht leicht sodomitisch mit einer schwarzen Mamba herum. Mit Maschinengewehr im Anschlag rattert er später an den Käfigstäben entlang, erzeugt Panik bei einem Fräulein Milli, hetzt ihr mit lächelndem, weggetretenem Blick genussvoll den Tiger auf den Hals. Für den einen oder anderen weiteren „Dachschaden“ soll das menschliche Miststück nunmehr lebenslang in eine Klapsmühle gesteckt werden. Der gnatzige Krischna, Klaus will aber nicht; nimmt Schicksal und Kalaschnikow selber in die Hand, ballert auf alles, was sich bewegt. Am Ende baumelt er von Kugeln durchsiebt, wie ein verwelktes Blättchen über der Balustrade. Ein wortloser Kinski verbreitet mit seiner unnachahmlichen Körpersprache eine durchgeknallte Atmosphäre, die bedrohliche Momente erzeugt. Damit durchbricht er fachmännisch die vorherrschende, leichtfüßige Ironie.

Mit Agnes Windeck, Albert Bessler, Jan Hendricks, Barbara Rütting, Heinz Drache, Eddi Arent, Günter Pfitzmann, Siegfried Schürenberg

August 2002, Oktober 2014 und Juni 2020 bewertet

23. Die schwarze Kobra

Aka: Interpol contre stupefiants; Le Cobra Noir; De zwarte Kobra

Regie: Rudolf Zehetgruber

Jahr: 1963

Laufzeit: 91 Minuten

Was für Tarnfassaden sich Unterweltler so einfallen lassen: Der Drogensyndikatsvize schimpft sich blechern Schrotthändler, während die unmusikalische Chefin des Verteilerringes ein Tonstudio besitzt. Der von ihnen kurzfristig angeheuerte Fernfahrer Peter übernimmt eines Nachts brav eine Fuhre „Waschpulver“ und ahnt dabei nicht im Geringsten, dass er tatkräftig eine Menge Koks schmuggelt. Sein Leben gerät aus den Fugen, weil der Transport überfallen und die heiße Ware gemopst wird. Grobe Gangster heften sich nun genauso wie grazile Gesetzeshüter an seine unschuldigen Fersen. Es beginnt eine Hatz, bei der jeder jeden bescheißt und alle um ihr mickriges Leben fürchten müssen.

Der Filmstoff ist simpel, schnurgerade, manchmal grimmig und durchaus fesselnd inszeniert. Die Charaktere sind mit vertrauten Gesichtern stimmig besetzt. Ein sanfter, lakonischer Wortwitz kommt wohldosiert zur Anwendung.

Niemand ist so unfrei wie der Abhängige! Nach diesem Motto schwitzt, zittert, kribbelt sich Koks-Charly alias Klaus Kinski aufgeregt durch die Kulissen. Seine süchtige Sprechweise, seine dauerjuckenden Drogenpfoten, sein angespanntes Lauern aufs nächste Tütchen sind eine wahre Augenweide. Klaus klimpert nach Aufmerksamkeit heischend, ein paar dissonante Akkorde auf dem Klavier. In einem Sessel versunken wimmert er anschließend um sich selbst und seine schmelzende Rauschration. Den kleinkriminellen Fixer hat der Kinski echt gut drauf.

Mit Wolfgang Preiss, Peter Vogel, Adi Berber, Herbert Fux, Ann Smyrner, Adrian Hoven, Paul Dahlke, Klaus Löwitsch

April 2001, Dezember 2013 und April 2020 bewertet

24. Der schwarze Abt

Aka: Le crapaud masque; The black abott

Regie: Franz Josef Gottlieb

Jahr: 1963

Laufzeit: 85 Minuten

In den Hirnzellen vom letzten Spross einer adligen Dynastie wohnt bereits der Wahnsinn, den er von seiner werten Mama vererbt bekommen hat. Das von ihm seit Jahrzehnten betriebene familiäre Forschungsprojekt „Chelford-Schatz“ beinhaltet die Suche nach 2,5 Tonnen Gold inklusive einem seltenen Lebenselixier. Bloß verdirbt die elende Hatz nach Reichtum jegliche Romantik, denn die fieberhafte Suche macht skrupellos, süchtig, charakterlos, würdelos, meschugge und mörderisch. In bekannter Gollum-Manier beschwert sich der Besessene: „Alle wollen meinen Schatz, MEINEN SCHATZ.“. In den verfallenen Ruinen der alten Klosteranlage bewacht zu allem Überfluss ein geisterhafter schwarzer Abt die begehrten Dinge des Lebens. Ein maßloser Trupp von Erpressern, Gaunern und Ehrgeizlingen krabbelt des Nachts trotzdem in den verstaubten Gemäuern umher. Kann das dynamische Duo der Polizei diesem geldgeilen Gerangel nach dem gediegenen Element in Talerform ein Ende bereiten?

In der Hauptsache fasziniert Werner Peters als charakterlicher Misthaufen. Ebenso überzeugend ist ein fabelhaft aufspielender Dieter Borsche, der den Grafen von und zu Irrsinnshausen mit imponierender Echtheit ausfüllt. Ein Schatzsucher-Edgar Wallace allererster Güte, der für einen wohltuenden Fernsehabend sorgt.

Der mittlerweile zum Wallace-Inventar zählende Kinski stellt den Diener des herrschaftlichen Anwesens mit dem frohlockenden Namen Thomas Fortuna dar. Schnell findet die Polizei heraus, dass die Fratze eigentlich Slyzer heißt und im Zuchthaus Dartmoor brummte. Daher verwundert es nicht, dass Two-Face-Kinski gegen ein kleines Salär nebenberuflich die Sinnesorgane für einen Goldsucher einsetzt. Lakai Klaus wird prinzipiell bezweifelt, gar beekelt (Der Hausherr grübelt: „Wenn ich sie mir so ansehe ...“, der Kinski antwortet ganz artig: „Bedaure SIR, dass ihnen meine Nase nicht gefällt.“). Mit umherglotzendem Blicke, verbunden mit traumwandlerischer Lautmalerei, schmeißt Butler Kinski einige köstliche Blicke und Sätze in die Arena. Der Witzbold kennt scheinbar keine Hemmungen und schlüpft aus Spaß in die Garderobe des Abtes, um in tiefdunkler Nacht menschliche Angsthasen zu erschrecken. Für diesen dreisten Ulk wird er kurzerhand unchristlich abgemurkst.

Mit Eddi Arent, Harry Wüstenhagen, Blacky Fuchsberger, Charles Regnier, Grit Böttcher, Friedrich Schönfelder

März 2003, Dezember 2014 und Juni 2020 bewertet

25. Das indische Tuch

Aka: The indian scarf

Regie: Alfred Vohrer

Jahr: 1963

Laufzeit: 83 Minuten

Ein gewöhnlich selbstbeherrschter Butler stellt auf Marks Priory leicht aufbrausend die bange Zwischenfrage: "Wie viele Personen sind wir denn heute beim Abendbrot?". Diese Ungewissheit hallt sechs Tage und sechs Nächte durch die Gemäuer des westschottischen Anwesens. Dank des vorletzten Willens vom 28. Lord of Lebanon müssen die zerstrittenen Ästlein des Familienstammes jene Zeit voller Harmonie gemeinsam verleben, um sich am Ende über eine satte Million Pfund freuen zu dürfen. Bekanntlich sind Leichen aber nicht erbberechtigt und das muntere Sterben kann ohne Verschnaufpause beginnen.

Mit subtilem Gespött gepfeffert, mit eigentümlichen, bösartigen Charakteren gesalzen und schaurig-schön gestalteten Filmeffekten gezuckert sowie von grandiosen Mimen serviert, verköstigen wir ein fesselndes Wallace-Kammerspiel auf engstem Raum und allerhöchstem Niveau.

Dass Produkt eines Seitensprungs namens Peter Ross alias Klaus Kinski zählt gleichermaßen zum Kreise der möglichen Erben. „Und wenn hier einer stirbt?", fragt der Sonderling und bringt damit die Situation auf den makabren Punkt. Der zuckerkranke Süße wird von der Mischpoke gemieden, darüber hinaus ohne Reue gemobbt und ohne verständige Nachfragen, wegen seines Spritzenbestecks zum Drogenungeheuer abgestempelt. Trotzig tritt ihnen Bildhauer Klaus als gelangweilter Zyniker entgegen und ist dabei voll in seinem Außenseiterelement. Eine Reihe körperlicher Grobheiten muss der Künstler deswegen tagtäglich über sich ergehen lassen: Mal landet der Inhalt einer Tasse Tee in seinem Gesicht, dann wird er vom Stuhl geschubst, mal so in Zorn gebracht, dass ihm ein Glas in der Hand zerbricht und das unvermeidliche Kinski-Zucken einsetzt. Seine nebengleisig gestaltete Abneigung gegen den Testamentsvollstrecker dünstet ihm aus allen Poren und wird von seiner wunderbaren Stimme mit pikanten Bemerkungen ausgestaltet. Erdrosselt, eingegipst sowie in einen Koffer gepfercht, endet nach 72 Minuten jäh seine Anwesenheit, die eine ebenso hohe Qualität ausstrahlte wie der ganze Film.

Mit Ady Berber, Heinz Drache, Hans Nielsen, Corny Collins, Eddi Arent, Hans Clarin, Elisabeth Flickenschildt, Gisela Uhlen

Dezember 2003, Juli 2015 und Juli 2020 bewertet

26. Scotland Yard jagt Dr. Mabuse

Aka: Dr. Mabuse hält London in Atem; Dr. Mabuse: Von Scotland Yard gejagt; Der Todesspiegel des Dr. Mabuse; Die scharlachrote Dschunke; Mabuse attaque Scotland Yard; Mabuse defie Scotland Yard

Regie: Paul May

Jahr: 1963

Laufzeit: 84 Minuten

Der arglistige Fanatiker Mabuse ist tot. Seine garstige Seele will egozentrischerweise weiter stänkern, wandert daher resolut in den Körper eines Irrenarztes, um schadenfroh PANIK-ANGST-CHAOS zu verbreiten. Mittels Gedanken- und Willensübertragung durch Radiowellen möchte der alte Poltergeist elektronische Rache nehmen und den unwiderstehlichen Zwang zur Niedertracht in den Menschen wecken. Für die Zukunft plant der Unhold ganz uneigennützig, die Regierungsgewalt an sich zu reißen. Hierzu platziert das zwanghaft böse Hirn an entscheidenden Stellen seine Gedankengeschöpfe. Eine paffende Rate-Tante mit Pfiff sowie englische plus deutsche Inspektoren setzen all ihren gemeinschaftlichen Grips daran, dem manipulativen Treiben ein Ende bereiten.

Allen kritischen Unkenrufen zum Trotz erlebt man einen relaxten MABUSE-Krimi-Grusel aus der guten alten Zeit mit einer goldigen, zielstrebig inszenierten Fabel, die sogar mit einer Prise Spaß und hörenswerter Filmmusik aufwartet.

Nach dreissig Minuten erscheint Inspektor Joe Rank (Klaus Kinski) mit Trenchcoat und piekfeinem Anzug. Krimi-Klaus stellt einen disziplinierten, leicht unterkühlt und ironisch wirkenden Gentleman dar. Mit einschmeichelnden Worten ist Ermittler Kinski glücklicherweise recht oft zu sehen und zu hören. Zeitweise wird er sogar zur Mabuse-Marionette. Es gibt zwar keine atemberaubenden Szenen mit Kinski, aber allein sein Vorhandensein tut unseren Sinnesorganen gut.

Mit Agnes Windeck, Werner Peters, Sabine Bethmann, Peter van Eyck, Albert Bessler, Ady Berber, Dieter Borsche, Hans Nielsen, Walter Rilla

April 2002, Oktober 2014 und Mai 2020 bewertet

27. Kali Yug – Teil 1: Göttin der Rache

Aka: Kali-Yug, deesse de la vengeance; Kali-Yug, la dea della vendetta; Les rescapes de Kali-Yug; Il misterio del tempio indiano; Kali-Yug II. ; Le mystere du temple hindou

Regie: Mario Camerini

Jahr: 1963

Laufzeit: 92 Minuten

Seit 1876 ist Queen Victoria gleichfalls Kaiserin von Indien, sodass viele Regionen dort unter britischer Verwaltung stehen. Die europäischen Besatzer wollen Ruhe, Ordnung, Achtung vor dem Gesetz. Dem gegenüber stehen die abergläubigen verarmten, von Seuchen heimgesuchten Inder mit ihren tief verwurzelten fünftausendjährigen Traditionen. Entgegengesetzte Kulturen prallen aufeinander, gebären Stolz und Gnatz. Vor diesem Hintergrund praktiziert in einem indischen Dorf seit geraumer Zeit der hilfsbereite englische Arzt Simon Palmer und kümmert sich um die Kranken. Eines ungesunden Tages verschwindet plötzlich sein einheimischer Assistent samt Karawane voller Geld, Vorräten und Heilmitteln. Seine medizinisch-menschliche Existenz gerät ins Wanken und er begibt sich notgedrungen auf die Suche. Dabei verstrickt sich der „Onkel Doktor" in wilde Ereignisse, in deren Verlauf er sich mit den britischen Besatzern anlegt, wehmütig eine verflossene Jugendliebe wiedersieht, den Sektenfanatikern von Kali aufs Maul haut und das Geheimnis einer anmutigen Frau namens Amrita enträtselt. Des Mordes bezichtigt und einer Entführung verdächtigt, muss der Wüstenmedizinmann überdies noch seine Unschuld beweisen. Palmer mutiert immer mehr zum wagemutigen Helden. Entkommt er seinen Verfolgern, wird er seine Reputation wieder erlangen? Darauf wird Teil 2 die Antworten liefern.

Wir genießen ein altmodisches, entzückendes Kolonialabenteuer. Die dynamisch-turbulenten Ereignisse werden geradlinig vorangetrieben. Man fühlt sich pudelwohl angesichts sehenswerter Schauspieler und pakistanischer Originalschauplätzen.

Ein braun geschminkter, bärtiger Sektenführer namens Kinski hockt mit Turban auf der Omme in einer ärmlichen Steinkemenate und schwadroniert vom großen Tag, der bald kommen wird. Inbrünstig betend und vor glühendem Fanatismus bebend, erteilt er strategische Befehle an die Blutsöhne der Göttin Kali Yug. Der zornige Priester mit dem Kampfnamen Saddhu erscheint hiernach nur noch einmal. Seine zwergenhaften Szenen bleiben im Gedächtnis haften, weil Klaus sich selbst synchronisierte und zusätzlich unseren Lauschern guttut. Zwar wütet am Ende von Teil 1 in der Ferne ein nicht erkennbares Männlein vor seinen Anhängern, aber charakteristisch fuchtelnde Hände, ein dabei leicht nach vorn gebeugter Wutkörper verraten die Identität dieser Gestalt: Kinski.

Mit Lex Barker, Senta Berger, Claudine Auger, Paul Guers

März 2010, Mai 2018 und Februar 2021 bewertet

28. Kali Yug – Teil 2: Aufruhr in Indien

Aka: Il misterio del tempio indiano; Kali-Yug II.; Le mystere du temple hindou

Regie: Mario Camerini

Jahr: 1963

Laufzeit: 90 Minuten

Die grausamen Sprösslinge der Göttin Kali haben jede Menge Schießgewehre erbeutet und wollen nun unter dem griffigen Slogan „Tod den Engländern" die Volksmassen aufwiegeln. Ein Kali-berauschter Prinz lässt den kleinen Enkel des amtierenden Regenten von Madanpur entführen, brüskiert zielgerichtet seine britischen Bekannten, zeigt ihnen hernach den bewaffneten Stinkefinger, schmeißt zwecks geheiligter Machtübernahme einen körperlosen Kopf in den Götzenrachen. Während des immer heisser werdenden Wüstentrips entwickelt Doktor Palmer in brenzligen Situationen ungeahnten Todesmut, kämpft wie ein Bilderbuchrecke gemeinsam mit seinen Landsleuten und dem liebenswerten Diener Gopal gegen den ausufernden Sektenwahn.

Unsere Augen werden von Amrita magnethaft angezogen, denn sie dominiert mit ihrer exotischen Erscheinung, innerlicher Zerrissenheit und kraftvoller Stärke. Desgleichen erstrahlt die kupferhaarfarbene Senta Berger auf dem Höhepunkt ihrer Schönheit und ist eine Augenweide. Der zweite Teil des göttlichen Abenteuers ist Spannung pur! Wir werden durch exquisite Landschaften gepeitscht, leiden mit, fiebern mit, bangen mit den Engländern und drücken dem zähen Simon beide Daumen.

Propagandakerlchen Kinski scheut noch immer das Tageslicht. Er geifert selbst Amrita ruhelos an. Klaus Saddhu kleidet sich wiederum mit Turban, Wickelgewand, Bärtchen und neuerdings ziert eine rot-weiß-rote Fahne seine empörungsbereite Stirn. Kurz vor Toreschluss müssen wir für mehrere Sekunden die Luft anhalten: Monotone Trommeln erschallen. Der Deklamator hält vor der versammelten Religionsgemeinschaft eine flammende Rede für das kommende Blutopfer, die er mit erhobenem Zeigefinger und nach vorn geschüttelter Faust begleitet. Kurz danach wird Sektenguru Klaus von den Trümmern einer Sprengung erschlagen. Mit erweiterten Pupillen liegt das fanatische Männeken im Staub herum. „His Masters Voice" klingt noch lange in den Ohren nach und erneut gelingt es unserem Liebling, das Effektivste aus seiner bescheidenen Rolle herauszuholen.

Mit Lex Barker, Senta Berger, Claudine Auger, Paul Guers

März 2010, Mai 2018 und Februar 2021 bewertet

29. Das Geheimnis der schwarzen Witwe

Aka: Arana negra; Secret of the black widow

Regie: Franz Josef Gottlieb

Jahr: 1963

Laufzeit: 95 Minuten

Mysteriöse Drohbriefe („Sprich oder stirb“) erreichen sieben ehrenwerte Gentlemen, die das Medienunternehmen „London Sensations“ durch den Fund eines Aztekenschatzes aufbauen konnten. Eines arachnophobischen Tages fliegen hochtoxische Gummispinnen durch eine Luftpistole, landen zielsicher in zeitlich wohl dosierten Abständen auf den erschrockenen Gesichtern einzelner Herren. Rückblickend betrachtet stapften „die glorreichen Sieben“ anno 1951 gemeinsam und gewinnbringend mit Expeditionsleiter Professor Avery durch Mexiko, der dort später angeblich am Biss einer Schwarzen Witwe starb. Beruhigt reich geworden, bangen sie plötzlich beunruhigt um ihr Leben. Fragen verdunkeln die Luft: Wer will ihnen an den Kragen? Hat etwa damalige Gier die Biografie von Avery abrupt beendet? Steckt seine in London lebende Tochter hinter dem „Spinnenflug“? Mordet hier jemand ganz unbeschwert nach dem fröhlichen Motto: „Ich mag Geld und kann gar nicht genug davon haben?“. In diesem verwickelten Kriminalfall versuchen ein in die Jahre gekommener Korrespondent, ein diplomierter Archivar ihrer königlichen Majestät und ein „komischer Gruftspion“ von der Polizei das Rätsel der giftigen Attacken zu lösen.

Der „Zehn-Kleine-Negerlein“-Verbrecherfilm ist mit spannendem Unterton vorgetragen. Hier und da schimmert gleichwohl eine gehörige Dosis Verschmitztheit durch. Nach einer Weile wird unser Spinnenabwehrsystem im Kopf automatisch aktiviert und das Vergnügen ist ganz auf unserer Seite.

Klaus mit Klappausweis der Kripo hört auf den bürgerlichen Namen Boyd. Unser kleiner Polyp trägt den dienstlichen Decknamen „X-13“. Köstliche Bissigkeiten ausquatschend begleitet Kinski mit Schirm, Charme und Melone die Ermittlungen des versoffenen Journalisten. Es bereitet Freude mit anzuhören, wie unser Geheimagent mit hämischem Grinsen, selbstlosen Weisheiten und trockenem Humor lichten Glanz in die Bude zaubert. Genau solche „Gigs“ in derartig unterbewerteten Filmen sind die kleinen Juwelen aus der cineastischen Hinterlassenschaft von *Klaus Günter Karl Nakszynski.*

Mit O.W. Fischer, Werner Peters, Karin Dor und Eddi Arent

Februar 2008, Januar 2017 und Januar 2021 bewertet

30. Piccadilly Null Uhr Zwölf

Aka: Piccadilly minuit douze

Regie: Rudolf Zehetgruber

Jahr: 1963

Laufzeit: 93 Minuten

Schon Opa Jefferson wusste in seiner Erfahrenheit: „Die Welt ist voller Halunken“. Die Binsenweisheit gab er seinem kleinen Enkel Mike mit auf den Lebensweg. Erwachsen geworden, tappt Großvaters Liebling trotzdem in eine von Menschen aufgebaute Schicksalsfalle und muss acht Jahre unschuldig nach Dartmoor ins Gefängnis. Der Tag der Vergeltung rückt immer näher. Gauner und Betrüger von einst zittern, rüsten sich für die zu erwartende Abwehrschlacht. Gemeinsam mit dem auf den Whiskyhund gekommenen Ex-Cop Jack macht sich der rächende Mike an die Aufarbeitung der Vergangenheit, kriegt die Hucke voll, erlebt wiederum moralische Unholde, trifft nebenbei glückskekshaft auf die große Liebe.

Diese faszinierende deutsche Krimigeschichte besticht durch furztrockenen Humor, lakonisch hingeworfenen Sätzen, gelungenem Kolorit und jazzigem Sound. Ein kleiner Running Gag am Rande: Ein kleiner, aufgeweckter Junge namens Edgar Wallace findet stets die Leichen.

Nach 48 Minuten lassen sie Kläuschen auf den Spielplatz. Als humorloser, devoter Mörder namens Whity Skipper ist er mit schlohweißem Haar und kreideweißen Augenbrauen unverkennbar ein Albino. Unterwürfig kommentiert er jeden Satz seines Chefs mit: „Ja, SIR“ oder „Sie haben wie immer recht SIR.“. Seine Feinde nennen ihn liebevoll den „Schneemann“, der wohl aus Schmelzangst nicht raucht, nicht trinkt, nicht spielt; aber eine ausgesuchte Schwäche für Frauen hat. Psychopathen Kinski dirigiert mit Knarre in der Hand und Käsekuchen zwischen den Kiemen einen Haufen übler Totmacher. Der „Pestfetzen“ ist glänzend wie Silber, hart wie Stahl. Er akzentuiert in wohltuender Weise seine nicht von dieser Welt stammenden Sprachlaute: „Nehmen Sie die Hände hoch oder ich muss Ihnen in die Kniescheibe schießen. Es wäre doch schade, wenn Sie auf dem Weg zum Galgen lahmen würden.“ Klaus überlebt den Film sogar, zittert aber in einer Zelle dem Henker und der gleichnamigen Mahlzeit entgegen.

Mit Hanns Lothar, Helmut Wildt, Ann Smyrner, Dieter Eppler, Karl Lieffen, Pinkas Braun, Camilla Spira und Ilja Richter

Oktober 2003, Juni 2015 und Juli 2020 bewertet

31. Der letzte Ritt nach Santa Cruz

Aka: La chevauchee vers Santa Cruz; Last ride to Santa Cruz; Last stage to Santa Cruz; Ortiz le bandit

Regie: Rolf Olsen

Jahr: 1963

Laufzeit: 93 Minuten

Bandit Pedro Ortiz versteckte fünf Fuß unter dem Schachtboden der alten verschütteten Silbermine „Santa Cruz" seine erbeuteten 500 000 Dollar. Nach zwei Jahren gesiebter Luft will er die vergrabene Kohle rausholen, zuvor aber noch Rache an Ex-Sheriff Kelly üben, der ihn einbuchtete und den Tod seines Bruders auf dem Gewissen hat. Egomane Ortiz und seine bunt zusammengewürfelte Bande nehmen dessen Frau nebst Sohn als Geiseln. Sie warten ungeduldig auf den kugelhaltigen Showdown. Unerbittlich heftet sich der ehemalige Staatsbedienstete an die Fersen der Schurkenmannschaft, um seine kleine gefangene Familie zu befreien. Nach einem wüsten Fress-, Sauf- und Schießgelage entgleiten dem ganz in schwarz gekleideten Pedro langsam aber sicher die Zügel der Macht. Ein Opfer brüllt ihm keck hinterher: „Der Teufel soll euch alle holen!". Voller Selbstmitleid orakelt er zurück: „Der will uns doch auch nicht.". Wenn er sich da mal nicht irrt und dieser Ritt nach Santa Cruz nicht buchstäblich sein Letzter ist…

Es entfaltet sich ein ergötzlicher, gemeiner harter Eurowestern, der nie langweilig wird! Mario Adorf agiert mit sichtlicher Freude als Kotzbrocken Ortiz, während Walter Giller überzeugend seriös einen melancholischen Säufer mit Würde und Anstand darstellt. Selbst der Steppke vom Sheriff macht seine Sache gut und ist keine Heulboje ohne „Aus-Knopf".

Klaus alias José reitet schon in den ersten Minuten übellaunig durchs Bild. Der Cowboy mit viel Fehl und noch mehr Tadel trägt ein breites Silbertalerstirnband um die Rübe, quer über die Schultern gelegte Patronengürtel und ein rot reizendes Hemd. In den wenigen Dialogen ist seine Stimme der Star. In Nuancen bestens betont, entsteigen entweder leise, fiese Worte seinem eisigen Mundloch oder aber er reitet lauthals wiehernd davon, brüllt dazu im Lachgalopp, dass er in Mexiko auf das Wohl eines Marshalls saufen wird. Zwischendurch fällt Bandenmitglied Kinski durch rüpelhaftes Verhalten auf. Höhepunkt dessen ist seine derbe Zecherei mit Adorf. Meine Güte hatten die beiden einen Heidenspaß: Sie sind sternhagelvoll, bewerfen sich mit Essen, ballern sich gegenseitig Kugeln um die Ohren. Kläuschen mit Bärtchen ist komplett enthemmt und man möchte am liebsten in das anarchische Wolfsgeheul mit einstimmen! Nach 65 Minuten wird Kinski wie eine Kuh gejagt, mit einem Lasso eingefangen, festgezurrt und am Pferd weggeschliffen. Schlitzohrig entkommt er, türmt in eine Kirche, knallt den gutmenschelnden Priester über den Haufen, wird ausgeräuchert und auf der Straße wie ein räudiger Köter abgeknallt. Kurios: Ein kleiner Bello flitzt plötzlich auf den sterbenden Kinski-Körper zu, kläfft respektlos WAU WAU und düst aufgeregt davon.

Mit Thomas Fritsch, Edmund Purdom, Marisa Mell, Sieghardt Rupp, Marianne Koch

Januar 2009, August 2017 und Januar 2021 bewertet

32. Wartezimmer zum Jenseits

Aka: Mark of the Tortoise; Waiting Room to the beyond

Regie: Alfred Vohrer

Jahr: 1964

Laufzeit: 87 Minuten

Jungspund Donald erbt unerwartet die Kohle seines Onkels, weil sich der olle Sturkopp in Bezug auf ein erpresserisches „Zahle oder stirb“ für die tödlichere Variante entschieden hatte. Um die Mörderbande ausfindig zu machen, entwickelt Donny-Boy detektivische Aktivitäten. Der Unerfahrene begibt sich gemeinsam mit seinem Kumpel Harry auf Spurensuche. Das Motto der beiden lautet unbedarft: „Immer rein in die Höhle des Löwen, mal sehen, ob er uns frisst.“ Eine Gangsterorganisation namens „Die Schildkröte“ steckt hinter dem „Geld gegen Leben-Spiel“. Ein verbitterter, von Neid auf die gesunden Reichen getriebener, sich in Selbstmitleid suhlender, an den Rollstuhl gefesselter Marchese (mit dem Aussehen von Heino), ist der planende Kopf. Seine ehrenwerte Gattin steht ihm hilfreich zur Seite, hat aber irgendwann genug von der illegalen Kohlescheffelei und will sich verdünnisieren. Die ausgeklügelte Video- und Tonüberwachung in der Villa des vergnatzten Alten ist in Echtzeit dabei; sieht den fraulichen Verrat und jeden Eindringling. Im marmorierten Kellergewölbe gibt es zwanzig Meter unter der Erde im wahrsten Sinne des Wortes ein: „Wartezimmer zum Jenseits“. Kommen die Hobbykriminologen mit heiler Haut davon?

Die schräge Story wird spannungsreich, aber nicht allzu bedeutungsvoll dargeboten. Das aufgelockerte Zusammenspiel von Götz George und Hans Clarin entfaltet gediegene Heiterkeit und Frohsinn.

Klaus Kinski ist ein ehemaliger Zirkuskünstler namens Shapiro, der nie mehr auftreten darf, weil aus unerfindlichen Gründen ein Wurfmesser den Leib seiner Partnerin traf. Arm wie eine Kirchenmaus, haust er nun in Gesellschaft seines Kapuzineraffen im ausrangierten Schindelwagen mitten auf einem räudigen Autofriedhof. Gegen Bezahlung übernimmt der Gestrandete sogar Auftragsmorde. Ein eloquenter Hörleckerbissen ist dieser Ping-Pong-Schlagabtausch: Pleite-Klaus lümmelt gelangweilt auf dem Bette, da betritt die Knef mit Gefolge seine schäbige Bude. „Was macht denn die Puppe hier“, höhnt Kinski und vermutet folgerichtig: „Sie halten wohl nicht viel von mir?“. Sie antwortet mit der rhetorischen Ohrfeige: „Nein, ich halte gar nichts von ihnen!“. Prägend ist nach erfülltem Auftrag vor allem Klausis anmaßende Bettelei nach dem Zaster und die panische „Hals über Kopf“-Flucht vor anrückenden Polizisten. In nur wenigen Szenenabfolgen werden auf engstem Raum und in bester Kinski-Eigenart eine Menge Bammel, Erregung, Bedrängnis perfekt auf die Spitze getrieben. Man riecht förmlich seinen Angstschweiß. Am Ende sieht man den jammervollen Ex-Artisten erschossen im Stuhl sitzen, während die „Äffchenwitwe“ einsam auf seiner erkalteten Schulter hockt.

Mit Hildegard Knef, Pinkas Braun, Jan Hendriks

September 2001, Mai 2014 und Mai 2020 bewertet

33. Die Gruft mit dem Rätselschloss

Aka: The curse of the hidden vault; La serrure aux 13 secrets

Regie: Franz Josef Gottlieb

Jahr: 1964

Laufzeit: 86 Minuten

Spielhöllenbesitzer Real setzte seine Erfindungsgabe ein, um durch technischen Schummel am Roulettetisch reich zu werden. Mit einem verfeinerten Hang zum Makabren ist er altersmilde geworden. Nun will er schuldbeladen seine angehäufte Kohle der Tochter eines in den Selbstmord getriebenen Spielers vermachen. Einstige eingeweihte Angestellte fordern ihrerseits einen gewissen Anteil an der ergaunerten „Zusatzrente" und schrecken dabei vor Einbruch, Raub oder Mord keineswegs zurück. Sein Anwesen besitzt aber nicht nur einen real begehbaren Panzerschrank mit Rätselschloss, der den Mammon mit diabolischer Wachsamkeit beschützt, sondern obendrein allerlei versteckt angebrachte todbringende „Stolpersteine".

Mit diesen lebensbedrohlichen Bestandteilen ausgerüstet, startet ein kecker „Hase und Igel-Wettlauf" um den Zaster. Eddie Arent stellt wunderbar einen tollpatschigen, lustigen Australier dar. Werner Peters mit seinem ewigen Untertanengesicht ist ein vortrefflich anzüglicher Winkeladvokat. Saloppe Bemerkungen am Rande des mörderischen Treibens sorgen für amüsante, lupenreine Unterhaltung.

Klaus Kinski huscht als stummer Mühlenbewohner George, einem Schatten gleichend, lautlos durch die Nacht. Ist er ein Beschützer, der helfende Bruder in der Not oder etwa Lebensräuber, Scharfschütze, Nachtschwärmer oder nur der einsame Müllerbursche? Wie ein böses Omen, wie ein unruhiger Geist betritt Getreide-Klaus unregelmäßig die Szenerie und verbreitet derartige Fragezeichen. Mal trägt er einen dunklen Mantel mit hochgeschlagenem Kragen und lugt verschwörerisch unter seiner Schiebermütze hervor oder trägt arbeitsame Gummistiefel sowie weizenmehlfarbene Werktätigenkluft. Sein Gesichtsausdruck ist wie sein mehrmaliges kurzes Erscheinen: sehr konzentriert und dabei überzeugend gefühllos. Diese wortlose Kunst verleiht ihm die charakteristische Kinski-Aura des Unheimlichen. Kurz vor Toreschluss wird Klaus von dem unerbittlichen Mühlstein gepackt und zu Todesstaub zermahlen.

Mit Harald Leipnitz, Rudolf Forster, Ernst Fritz Fürbringer, Vera Tschechowa, Siegfried Schürenberg, Harry Wüstenhagen,

Februar 2004, September 2015 und Oktober 2020 bewertet

34. Winnetou II. – Der Schatz der blauen Berge

Aka: Vinetu II.; Giorni di fuoco; Le tresor des montagnes bleues; Last ride of the renegades

Regie: Harald Reinl

Jahr: 1964

Laufzeit: 91 Minuten

Unser Lieblingsindianer ist inzwischen Apachenhäuptling, aber es brodelt immer noch gewaltig unter den rot- und weißhäutigen Decken. Präsident Lincoln will einen Krieg unbedingt verhindern und die Blutsbrüder Winnetou und Old Shatterhand wie diplomatische Friedensengel vermittelnd eingreifen. Nach allerlei Verwicklungen, menschlichen Tragödien, unmoralischen Taten und heldenhaften Kämpfen erleiden unbeugsame, kriegszündelnde weiße Strolche am Ende ihr wohlverdientes Schicksal und die unzertrennlichen Männer „Brennendes Wasser" und „Alte Schmetterhand" können zu ihrem nächsten Abenteuerplatz reiten.

Ein klassisches Filmerlebnis für im Herzen jung gebliebene Bleichgesichter. Man fühlt sich unweigerlich in die Kindheitstage zurückversetzt: Heroische Mitsumm-Melodien, zwei Helden, ein paar Böse, ein paar Gute, Raufereien, Schießereien, ein reimender Cowboy und nomen est omen: Kinski.

Mit schnieker Pelzmütze und offenem Hemd stürmt Klaus auf einem braunen Hengst heran. Der rüpelhafte Anführer einer Horde Desperados nennt sich David „Luke" Lucas und will den „Rotärschen" ernsthaft einreden: „Wir kommen in friedlicher Absicht!", entlarvt sich indes ein paar Morde später mit der Botschaft: „Tote Indianer sind gute Indianer!". Nach gut einer Stunde hat der dämonische Westernreiter seinen unvergesslichen Auftritt: Ein zerlumpter, zerschlagener Kinski plumpst halb tot in den Armee-Sessel, keucht mitleidheischend, dass Indianer ihn überfallen hätten. Himmlisch niederträchtig, wie er mit rollenden Froschaugen diese Räuberpistole verkauft! Später wird Kriegstreiber Klaus als Lügenbaron enttarnt und zur Strafe den Indios überlassen. Er befreit sich zwar, wird aber später in den rauen Kalksteinlandschaften Kroatiens während der finalen Ballerei erschossen. Ikone Kinski verleiht diesem deutsch-jugoslawischen Kultstreifen die richtige Würze. Sieht man sich die anderen Winnetoufilme an, sind die zwar genauso gut, aber ohne ihn ein wenig harmlos daherkommend.

Mit Eddi Arent, Karin Dor, Gojko Mitic, Lex Barker, Pierre Brice, Mario Girotti, Renato Baldini

Mai 2006, Dezember 2015 und April 2020 bewertet

35. Das Geheimnis der chinesischen Nelke

Aka: F.B.I. contre l`oeillet chinois; Il segreto del garofano cinese; Secret of the chinese carnation

Regie: Rudolf Zehetgruber

Jahr: 1964

Laufzeit: 86 Minuten

Die Erfindung eines revolutionären Treibstoffs, der Mineralöl ersetzen kann, ruft Neider hervor. Diese grüngesichtigen Ekel bringen dank Diebstahl, Entführung und Mord unerwartet „Schwung in die Bude" des Tüftlers. Die geheime Formel ist auf einem Mikrofilmstreifen gebannt. Zur Erlangung des begehrten Objekts schmieden diese grobkörnigen Ganoven unsanfte Zweckbündnisse mit kessen Konzernkobolden. Private Schnüffler, Geheimagenten und Polizeibeamte haben unter diesen Vorzeichen alle Hände voll zu tun, das Leben des klimarettenden Entdeckers zu bewahren.

Dieser Gangsterkrimi ist erfrischend inszeniert, überzeugt durch launige Dialoge. Die deutschen Nonkonformisten Horst Frank und Klaus Kinski liefern sich ungemein erlesene, sarkastische Wortgefechte. Das Filmlein weist eine flotte Orchestrierung von Milos Vacek auf, ist geradlinig erzählt und mit weiteren schurkenhaften Wesen gut besetzt.

Klaus Kinski erscheint im 30er-Jahre-Mafialook und ist der abgebrühte „Nelkenschwindling" Speranzo. Als Gehilfe seiner Chefin hat der Glückspilz mehrere prägnante Auftritte, die er kultverdächtig mit leiser, bedächtiger, ja fast schnurrender Stimme ausschmückt. So manche dahin geflüsterten Worte tauchen unerwartet auf, um im unnachahmlichen Kinski-Stil in seine Kehle wieder hinabzufallen. Am Ende wird Ganoven-Klaus mit lustvollem Faible für explosive Fallen von einem Wachmann beim Anbringen von Dynamit auf frischer Tat ertappt. Mittels Handgranate hinter den verschränkten Armen will Sprengmeister Kinski „auf dem kurzen Dienstweg" abhauen, landet aber mit einem Knall bei Gevatter Tod.

Mit Brad Harris, Paul Dahlke, Olly Schoberova, Dietmar Schönherr, Dominique Broschero

Oktober 2008, Juli 2017 und Januar 2021 bewertet

36. Das Verrätertor

Aka: The Traitors Gate; Grande rapina alla torre di londra

Regie: Freddie Francis

Jahr: 1964

Laufzeit: 84 Minuten

Ein Oberspitzbube und vierundzwanzig gut ausgebildete Kriminelle erarbeiten sich mittels Abhörtechniken, Beobachtungsfilmen inklusive Detail getreuer Miniaturbauten einen präzisen Plan, um die Kronjuwelen Ihrer Majestät aus dem Wakefield-Tower zu erbeuten. Für ihr Räuberuhrenwerk organisieren sie den Knastausbruch eines Häftlings, der wie ein Zwillingsbruder des Eskortenführers und gleichzeitigen Schlüsselverwahrers der königlichen Garde aussieht. Alles scheint glattzugehen, bis ein neugieriger Tourist sowie die unberechenbare Liebe gepaart mit betrügerischer Kleingläubigkeit wie heruntergefallene Sachen auf die kriminelle Fahrbahn plumpsen und einen schnurgeraden Verlauf verhindern.

Trotz einiger bekannter „Piefke-Mimen“ handelt es sich um keinen üblichen Edgar Wallace Streifen. Stattdessen entfaltet sich eine unverkennbar britische Atmosphäre mit Schirm, Charme und Pistole. Diese englisch-deutsche Mischung garantiert fesselnde Filmminuten.

Klaus Kinski ist hier ein spezieller Fall für sich! Als Nebenganove mimt er den eitlen Mordspezialisten mit leicht perversem Einschlag namens Kane, der sich allen überlegen fühlt, dabei wie eine kleine hungrige Kannibalensau permanent an seinem Zeigefinger herum nagt! Seine abgefeuerten, minimalen Wortfetzen sind wie kleine Geschosse! Knabber-Klaus darf zur Abwechslung sogar aus einem Auto springen und sich vom Hubschrauber abseilen. In der abschließenden Verbrecherkonferenz geht das Oberhaupt letztmalig den Ablauf durch. Dann ist Kane an der Reihe. Der Planungschef redet ihn ganz selbstverständlich mit „Kinski“ an. Dieser antwortet am Finger lutschend: „Ich warte auf das Zeichen von Martin.“. War das ein überhörter Synchronfehler oder etwa eiskalte Absicht nach dem Motto, der Kinski spielt sich sowieso immer selber? Egal warum, es verursacht ein achtungsvolles Kribbeln.

Mit Gary Raymond, Catherina von Schell, Albert Lieven, Margot Trooger, Eddi Arent

Dezember 2007, Oktober 2016 und Dezember 2020 bewertet

37. Neues vom Hexer

Aka: The mysterious Magician

Regie: Alfred Vohrer

Jahr: 1965

Laufzeit: 91 Minuten

Eine alteingesessene Adelsfamilie wird Person für Person gemeuchelt. Die nahe liegende Frage muss erlaubt sein: Warum? Aus erblicher Geldgier? Aus Lust am Mord? Aus familienbedingtem Hass? Wird sich zeigen! Jedenfalls sollen diese Schandtaten dem Hexer in die Schuhe geschoben werden. Der ist ob dieser moralischen Gemeinheit: „not amused!". Nunmehr ermittelt er, unter Einsatz seiner flexiblen Maskenvarianten, zusammen mit den Spürnasen von Scotland Yard den wahren Übeltäter.

Was für eine Wallace-Perle: packend bis zum Schluss! Erlesener Humor sowie prachtvolle Mitwirkende, allen voran die begnadete Brigitte Horney, runden das Geschehen gelungen ab. Eine köstliche Momentaufnahme muss an dieser Stelle wiedergegeben werden: Der Hexer döst auf der Couch mit dem Wallace-Schmöker „Neues vom Hexer" in der Hand; wird wach gemacht, ruft bei dem Einwurf („Wir sind auf Seite 98") erstaunt aus: „Was ist jetzt dran? Ach ja, der Junge ist in Gefahr!". Dieser Filmcrew saß eindeutig der Schalk im Nacken.

Ein Raum, ein Sarkophag, ein Kerzenständer: Der Sargdeckel geht auf, Herr Kinski erhebt sich, stellt nüchtern fest: „Er passt Sir!". Klaus brilliert darauffolgend eine genüssliche Stunde lang als devoter Butler Edwards. Seine Szenen werden nachfolgend ausnahmsweise und dem Besonderen dieses Krimis huldigend, als Wortgruppenaufzählung dargestellt:

I. Kinski im Sarg
II. Kinski an der Harfe
III. Kinski und seine Dauerfrage: „Noch einen Wunsch My Lady?"
IV. Kinski, der Teeservierer
V. Kinski mit 3-Tage-Bart
VI. Kinski, der Mordkomplize
VII. Kinski mit Mikro im Ohr
VIII. Kinski mit einer englischen Bulldogge in der Küche
IX. Kinski im Küchenaufzug mit XXL-Augenzoom
X. Kinski, der tote Diener.

Mit Margot Trooger, Rene Deltgen, Eddie Arent, Heinz Drache, Siegfried Schürenberg, Robert Hoffmann

Januar 2008, Oktober 2016 und Dezember 2020 bewertet

38. Spione unter sich

Aka: Gefährlicher Auftrag; Geheimagenten in Aktion; La guerra secreta; Guerre secrete;
The dirty game; The secret agents

Regie: Terence Young, Christian Jaque, Carlo Lizzani, Werner Klingler

Jahr: 1965

Laufzeit: 103 Minuten

Ein Agent mit „Gefährlichem Auftrag" spricht resignierend zu einem anderen Beteiligten des „Dirty Game": „Es ist schon ein trauriger Beruf, den wir haben, dass er uns zwingt, Kollegen von der anderen Seite ins Jenseits zu befördern; der selbst eine kollegiale Unterhaltung unmöglich macht.". Gemäß dieser trübsinnigen Feststellung treiben wirklich alle Mitmischenden ein Spiel mit doppeltem Boden, versuchen ihre geheimen Interessen operativ-taktisch durchzusetzen, killen Verräter, bedrohen Atom-U-Boote, entführen einen Wissenschaftler zum Wohle der Menschheit. Selbst während des Kundschafteraustausches wird noch rasch gemogelt.

Der Kinotrailer bringt es auf den Punkt: „Ein Film, der Sie nicht enttäuscht!", denn dieser Episodenfilm aus erzähltechnisch unabhängigen, abgeschlossenen drei Erzählungen birgt jede Menge Nervenkitzel, die richtige Portion Wortwitz und einen jazzigen Hintergrundsound.

In der winzigen Rolle als namenloser sowjetischer Tschekist schockt uns Klaus mit haarsträubendem Erscheinungsbild: stoppeliger 7-Tage-Bart nebst gruseliger Hornbrille, die seine Sehorgane riesenhaft vergrößert. Genosse Kinski hockt auf dem Beifahrersitz eines Straßenkreuzers. Die übergroßen Lupenaugen auf uns richtend, orakelt er: „Da stimmt was nicht.". Dann rennt Panik-Klaus mit ein paar Racherussen los und nimmt den Verräter ins Visier seines Gewehrs. Mehr Zelluloid hat man ihm nicht zugestanden (wegen seines Äußeren?), denn danach gibt es keinerlei filmische Lebenszeichen mehr von Kinski.

Mit Henry Fonda, Mario Adorf, Bourvil, Annie Giradot, Peter van Eyck

November 2000, Mai 2012 und Januar 2020 bewertet

39. Estambul 65

Aka: Unser Mann aus Istanbul; Operacion Estambul; Colpo grosso a galata bridge; L`homme d`Istanbul; That man in Istanbul

Regie: Antonio Isasmendi Isasi

Jahr: 1965

Laufzeit: 112 Minuten

US-Agenten wollen mit tatkräftiger Unterstützung eines nach Europa ausgewanderten Lebemannes den entführten Wissenschaftler Professor Pendergast aus den Fängen obskurer Herren befreien. Die Bande des Schreckens will ein Atomlabor aufbauen und benötigt dafür sein Spezialwissen. Fürstliche eine Million Dollar winken dem smarten Exilanten Tony für die Rückführung des gekidnappten Akademikers. Kaum wurde der Pakt besiegelt, hopst der angstlose, gelenkige Gentleman von einer gefährlichen Situation in die Nächste.

In dieser unverkrampften und mit arglosem Humor angereicherten Actionerzählung gibt es herrliche Dialoge voller Wortakrobatik und slapstickartige Kloppereien. Horst Buchholz redet a la Oliver Hardy sogar zweimal direkt mit der Kamera. Bei seinem Unterwasserkampf gegen einen Unhold ist das Ambiente stimmig eingefangen; man hört allein die bedrohliche Blubberstille des Tauchens.

In seiner ersten Szene ist Klaus Kinski kurz in einem Auto zu sehen. Er ist Doktor Schenck, der die endgültigen Befehle gibt. Das miesepetrige Führungsmitglied der Entführerbande ist gleichsam Namensgeber der geplanten atomaren Einrichtung. Leider hat Klaus nur eine längere Sequenz, aber die füllt er versiert aus: Mit Hütchen, Fliege und Schalldämpfer versucht Kinski als beinharter Vollstrecker die Lebensgeister aus dem lästigen Tony raus zuschießen, raus zuschlagen, raus zu prügeln. Doch am Ende versagt sein Einfallsreichtum und er wird wie eine räudige Katze selber im Handwaschbecken ertränkt.

Mit Mario Adorf, Sylvia Koscina, Gerard Tichy, Gustavo Re

November 2000, November 2011 und November 2019 bewertet

40. The Pleasure Girls

Aka: Die Goldpuppen; Sex in falschen Händen

Regie: Gerry O`Hara

Jahr: 1965

Laufzeit: 85 Minuten

Mehrere lebenslustige Mädchen wohnen gemeinsam in einem Mietshaus und genießen die Unbeschwertheit des Swinging London. Die Großstadtliebe begegnet ihnen jeweils als verheirateter Miethai, Prince Charming oder chronisch klamme Spielsuchttype. Die selbstbewussten Goldpuppen haben zwar hier und da Sex in falschen Händen, aber sie wissen am Ende genau, mit wem und wohin ihre Lebensreise gehen soll.

Die Erzählungen aus dem Dasein der souveränen Damen sind unverkrampft zugleich fast semi-dokumentarisch und mit dem klassischen Beat aus dieser Zeit unterlegt. Ein klischeefreier, einfühlsamer Film über die Suche junger Frauen nach dem privaten Glück. So long Pleasure Girls: Ihr wart echt dufte!

Der Kinotrailer halt fest: „Klaus Kinski had the moneys and the enemy's.". Er ist ein städtischer Miethai mit kriminellem Einschlag namens Nikko Stalmar. Klaus treibt die Kohle ein, umgibt sich mit einer knuddeligen Blondine, präsentiert seine Rolle britisch-distinguiert. Dandyhaft umschmeichelt Mister K. sein Püppchen, lässt den Lebemann am Roulettetisch bei jeder sich bietenden Gelegenheit snobistisch raushängen. Arrogant überschreitet Klaus „Das Gesetz der Straße" und wird zur Maßregelung herumgeboxt und ausgepeitscht. Kinskis nachfolgende Darstellung des verdroschenen, zerschundenen, bandagierten Patienten, der in einem Krankenhausbettchen liegt, zeigt seine emotionale Wandlungsfähigkeit. Das Elendsbündel spielt er mit jener Hingabe, die ihn so einzigartig macht! Man spürt förmlich seine Mattheit. Wenn der kleine Klaus erschöpft einschläft, möchte man ihm noch einen Abschiedsschmatzer auf die Stirn drücken. Der Kettenraucher ist für seine Verhältnisse recht oft zu sehen und genießt auffällig seine mondäne Rolle im teuren Anzug.

Mit Ian Mc Shane, Francesca Annis, Suzanna Leigh

Dezember 2010, Februar 2019 und April 2021 bewertet

41. Doktor Schiwago

Aka: Docteur Jivago; Doctor Zhivago

Regie: David Lean

Jahr: 1965

Laufzeit: 190 Minuten

„Völker, hört die Signale! Auf zum letzten Gefecht...!". Im revolutionären Russland zur Zaren- und Leninzeit verleben das zarte Blümchen Larissa (Lara) Antipowa, Berufsrevoluzzer Pascha, der poesiebesaitete Doktor Juri Andrejew Schiwago sowie die aufopferungsvolle Tonja individuellen Erdentage. Ihre Schicksale verknüpfen sich im Laufe der aufwühlenden Zeit; allesamt geraten in einen unentrinnbaren Sog aus Politik, Leidenschaft und Macht.

Der knapp dreistündige Film trifft mitten ins Herz und hat keine unnötigen Längen. Sorgfältig komponierte Bilder und Requisiten, außerdem erlesene Landschaften verwöhnen uns ebenso wie die hypnotischen blauen Augen der betörenden Julie Christie. Die sanften, unschuldigen Kulleraugen von Omar Sharif und die leidgeprüften Glupschaugen der Geraldine Chaplin strahlen gleichermaßen eine Faszination aus. Maurice Jarre rollt dazu passend einen sehnsüchtigen russisch-melodiösen Klangteppich aus.

Russlandbürger Klaus ist ab Minute 102 eine knappe halbe Stunde lang mal mehr, mal weniger zu sehen. Mit zerfetzter Lederjacke, schwarzen Handschuhen und roter Armbinde („freiwilliger Arbeitsdienst") liegt er als Kostojed-Amurskij mit Ypsilon-geformter, dauerhaft pochender Kinski-Stirnader auf einer Pritsche. Eingepfercht mit anderen geknechteten Seelen findet er keinen Schlaf, ist angekettet, ätzt unrasiert seine politischen Zynismen in die Waggonluft („Ich bin Intellektueller! Lang lebe die Anarchie! Ich bin der einzige freie Mensch — ihr seid nur Herdenvieh!"). Manisch von ihm angezogen, fängt die Kamera unseren Klaus bisweilen ein: Mal beobachtet er sentimental ein kuschelndes altes Paar, mal glotzt er den Schiwago an oder fegt die Scheiße mit Stroh aus dem Waggon. Es sind zwar immer nur Sekunden, doch die Summe ergibt eine kleine, grundsolide Kinski-Darbietung.

Mit Alec Guinness, Rita Tushingham, Rod Steiger

Dezember 2000, Oktober 2013 und April 2020 bewertet

42. Für ein paar Dollar mehr

Aka: Per qualche dollaro in piu; For a few dollars more; La muerte tenia un precio; Et pour quelques dollars de plus

Regie: Sergio Leone

Jahr: 1965

Laufzeit: 127 Minuten

Bandenführer Indio hat schon so viel Mist verzapft, dass sein Kopf satte 10.000 Dollar einbringt. Kaum raus dem Knast, will Mister Größenwahn gleich mal die sicherste Bank im Wilden Westen ausrauben. Mit Colonel Douglas Mortimer und Monco heften sich zwei passionierte Kopfprämienkassierer an Indios geldgeile Fersen, um ihn und seine elende Horde heimlich zu belauern und zu infiltrieren. Schlussendlich sacken sie kackfrech die Beute und die ausgelobten Zuwendungen in Form von Leichen ein.

Exzentrische Persönlichkeiten, lebendige Kameraarbeit, ein schwungvoller Morricone-Bacalov-Soundtrack und eine raffiniert daherkommende Geschichte sorgen für vorzügliche Westernunterhaltung. Die leicht ironische Abgeklärtheit der Handlung kommt gut zum Ausdruck, wenn die beiden seriösen Bounty-Hunter analog dem Laurel & Hardy-Klassiker „Nimm dies für das!“, plötzlich ihre Kräfte messen und Kugeln dabei jaulen, wie hungrige Katzenbabys.

Mit dem Opener: „Weg da ihr Rotznasen!“, macht Wüterich Kinski gleich in seinem allerersten Italienwestern klar, dass man ihm besser aus dem Weg geht. Klaus spielt den buckligen Bösewicht Wild, trägt Hosenträger und einen grünen Pulli. Als wohltuende Konstante ist er ab Filmminute 27 immer irgendwo im Hintergrund auf seinem braun-weiß gescheckten Mustang reitend oder lümmelnd auf der Pritsche zu sehen. In zwei bren(n)zligen Momenten ist der wilde Kuhjunge Klaus etwas länger zu bestaunen: Missmutig kauert der Unfried am Tresen, pafft ein dürres Zigarillo, da betritt ein Kopfgeldjäger den Raum und zündet sein Streichholz an den Bretelles von Klaus an. Es zuckt im Gesicht, das Augeninnere beginnt zu flackern, die vollen Lippen beben, gleich will dieses verbogene Männeken detonieren. Unwillkürlich hält man die Luft an; bis die Kinski-Lunte harmlos verglüht! Sobald Krüppelchen Klaus den „Schwefelholzmann“ wiedersieht, brüllt er ihn wie von Sinnen zum Duell heraus. Dafür wird der Schreihals mit zielgenauer Autorität und in vortrefflicher Nahaufnahme des ärgerlich verschwitzten Gesichts in das schweigsame Tal des Todes geballert.

Mit Clint Eastwood, Lee van Cleef, Gian Maria Volonte

Dezember 2001, September 2014 und Mai 2020 bewertet

43. Das Rätsel des silbernen Dreiecks

Aka: Scotland Yard auf heißer Spur; Circus of Terror; Circus of Fear; Psycho Circus; Il lungo coltello di londra

Regie: John Moxey,

Jahr: 1966

Laufzeit: 87 Minuten

Der Fall Tower Bridge aus Sicht der „Bobbies“: Satte 250.000 Pfund werden gestohlen und ein Wachmann ermordet. Es gibt eine heiße Spur, die zum Zirkus Barberini führt. Dort tummeln sich lauter behämmerte Heimlichtuer mit ihren aktuellen und vergangenen Geheimnissen. Klar, dass sich alle gegenseitig beargwöhnen und belauern. Der Fund einer Leiche in die ein spezielles Wurfmesser reingeschmissen wurde und weitere Tote, die mit dem gleichen spitzen Gegenstand gemeuchelt worden sind, führen langsam und geduldig zum Hauptübeltäter. Wo aber in drei Teufels Namen ist die Viertelmillion abgeblieben und wer ist das raffinierte Mörder-Aas?

Dieser heiter beschwingte britische „Achtung – hier spricht Edgar Wallace“-Film überzeugt mit realem Zirkusambiente, gut aufspielenden Mimen, hörbarer Musik und spannungsvoller Fährtensuche.

Klaus Kinski wird mit Manfred (Mackie) Hart angesprochen; dem Schmuggler mit Hang zur Gewalttätigkeit. In großknöpfiger Seemannsjuppe ist er Teil der Diebesbande, steht finster in Ecken herum, hockt lauschend in Gebüschen oder bietet dem Manegenboss lustlos seine Arbeitsdienste an. Gleichwohl darf er nur wenige dürftige Sätze ausspucken. Der einzige Klaus-Aufreger ist die Einleitung zu seiner Ermordung. Er durchwühlt voller Gier das Lagerhaus nach der verschwundenen Beute, bis ein berechnendes Messer lautlos heran segelt und seine Suche damit abrupt beendet. Sicherheitshalber wird der alte Holzschuppen noch angezündet, damit der olle Kinski nicht heimlich von den Abgemurksten aufersteht.

Mit Margaret Lee, Christopher Lee, Leo Genn, Eddi Arent, Heinz Drache, Suzy Kendall

Juli 2002, Dezember 2014 und Juni 2020 bewertet

44. Our Man in Marrakesh

Aka: Geheim-Mission in Marrakesch; Marrakesch; I spy, you spy, we all spy; Operation Marrakech; Bang! Bang! You`re Dead!

Regie: Don Sharp

Jahr: 1966

Laufzeit: 90 Minuten

Auf dem gewürzumwehten, dröhnenden, rappelvollen Basar von Marrakesch wird plötzlich ein Mann hinterrücks erdolcht. Die lauwarme Leiche wird danach klangheimlich in einen Hotel-Kleiderschrank verstaut. Ungefragt fällt der Dahingeschiedene vor die Füße eines ewig gut gelaunten Architekten und einer attraktiven Journalistin. Die niedliche Korrespondentin wurde jedoch schon vor ihrer Ankunft als CIA-Agentin durchschaut, soll durch den Toten verwirrt und mithilfe der Maroc-Policia aus dem Bestechungsweg geräumt werden. Das unfreiwillige Paar ist mit einer kleinen Gruppe von Geschäftsleuten angereist, die alle irgendwie nicht ganz koscher wirken. Dieser verdächtige Haufen wird wiederum von finsteren Gestalten beobachtet, weil sich ein gedungener Kurier mit satten zwei Millionen US-Dollar unter ihnen befinden soll. Damit soll eine UN-Entscheidung zugunsten der Volksrepublik China „gefördert“ werden. Hinter all diesen bösen Taten steckt einzig der stadtbekannte, vorwärtsstrebende, niederträchtig agierende Asienfreund Kasimir, der ungeduldig auf den gut getarnten Geldtransporteur wartet.

Es entwickelt sich ein drolliges Geld-Such-Spiel, das nie einschläfernd ist. Der Film ist ein kleines Schmuckstück aus den guten alten 60er-Jahren und liefert beste Sonntagsunterhaltung. Die Filmmusik verbindet orientalische Elemente mit melodiösen Spannungskomponenten und umrahmt gemeinsam mit der Originallocation gelungen die Handlung.

Unser Mann in Marokko ist der Kinski alias Jonquil; seines Zeichens vollstreckender Assistent einer gesetzeswidrigen Kanaille. Schattenmännchen Klaus huscht in Intervallen eiskalt durch die heiße Sonnenglut Nordafrikas, verteilt an Bedingungen geknüpfte Geldbatzen und übernimmt fotografische Observierungen. Er sorgt kurzum für einen reibungslosen bösen Ablauf. Kinski, der garstig-loyale Sekundant, passt prima in das Gesamtgefüge hinein. Auf der filmischen Zielgeraden wird er von den Guten lediglich unsanft ins Wasser geschubst und nicht wie so oft, elendig zu Tode gebracht.

Mit Senta Berger, Herbert Lom, Terry Thomas, Tony Randall

Juli 2010, August 2018 und März 2021 bewertet

45. Gern hab ich die Frauen gekillt

Aka: Karneval der Killer; Killers Carnival; Le carnaval des barbouzes; Spie contro il mondo; Sfida a glori city; Spy against the world; Carnival of killers; Los matones

Regie: Louis Soulanes, Alberto Cardone, Robert Lynn, Sheldon Reynolds

Jahr: 1966

Laufzeit: 90 Minuten

Ein vermeintlicher Mädchenkiller sucht Unterschlupf in der Villa eines wohlsituierten Herrn. Um sich die gekidnappte Wartezeit zu verkürzen, referiert der reiche Schnösel unter der Überschrift „Verbrechen lohnen nicht!“, drei Berichte aus der Welt der Halunken, Agenten und Verschwörer. Die erste Handlung, mit Wiener Schmäh, klärt brav den Mord an einen Rechercheur im Drogenmilieu auf. Die zweite Anekdote, aus dem hektischen Rom, punktet mit schrillem Wortwitz des Erzählers aus dem Off und mit comicartiger Action. Der dritte Plot spielt in Rio, enthält folglich schweißtreibende Sambarhythmen und arbeitet die politischen Hintergründe des Todes eines an den Strand gespülten Barmädels auf.

Dieser kurzweilige Episodenfilm basiert auf einer ungezwungenen Grundstimmung. Dadurch und mithilfe der bekannten Darstellerriege verlebt man einen ergötzlichen, beschaulichen Fernsehabend.

Klaus, der dauertranspirierende Mittelsmann namens Gomez, wird uns im dritten Szenarium mit Sommerhut, Schwitztuch und „Sargnagel“ zwischen den Zähnen aufgetischt. Er ist Teil einer gedungenen Präsidentenmörder-Clique, die während des ausufernden Karnevals in Rio ein Attentat plant. Senior Kinski spult seine Instruktionen unter erheblichen Ausdünstungserscheinungen routiniert herunter. Später filzt er in aller Ruhe den enttarnten, unechten Killer. Winzling Klaus gibt sich große Mühe, neben dem zwei Köpfe größeren Lex Barker zu bestehen und trotz heftiger Schweißausbrüche den Coolen zu mimen. Klaus Kinski und sein Wischtuch im Dauereinsatz sind ein triefendes Herz und eine tropfende Seele. Selbst ein so profaner Vorgang wie das Schwitzen wird durch Kinski zu einer manischen Angelegenheit.

Mit Pierre Brice, Lex, Barker, Steward Granger, Peter Vogel, Walter Giller, Herbert Fux, Karin Dor, Margaret Lee

November 2000, Mai 2012 und Dezember 2019 bewertet

46. Das Geheimnis der gelben Mönche

Aka: Wie tötet man eine Dame?; A target for a killing; Tiro a segno per uccidere; Il secreto die fratti gialli; Guet-apents a Theran; How to kill a lady?

Regie: Manfred R. Köhler

Jahr: 1966

Laufzeit: 96 Minuten

Die gelben Mönche vom Orden „Brüder der endlosen Treppe" gelten als rechtschaffene Leute ohne materiellen Anspruch an das Leben. In der harten Realität führen diese nicht enden wollenden Stufen hinein in eine Tropfsteinhöhle voller Geheimnisse und zum Anführer einer gemischten Gesellschaft namens „Das Auge". Spezialisiert auf Waffenkäufe und Mordaufträge verzweifelt der undurchsichtige Haufen immer mehr an dem hartnäckigen Ehrenmann Jimmy und seiner Abscheu vor allem Bösen sowie der praktischen Umsetzung einer wichtigen Frage: Wie tötet man eine Dame, die satte zweiundsiebzig Millionen Piepen erben soll?

Was für eine unglaubliche Darbietung jenseits aller Vernunft wird hier erzählt; beispielsweise Hypnoseversuche mittels Rochenelektrizität! Zugleich bekommt man in diesem Eurotrash obskure Einschübe von Psycho-Glamrock um die Ohren gehauen. Eine visuelle Attraktion ist wiederum „Tiger", die mit hautenger Latexlederhose gekleidete, sich aufreizend gebende, mit leicht perversen Zügen ausgestattete rechte Hand vom „Äugelein". Die blonde Frau mit ihrem versauten Charakter ist wahrlich ein erotisch-*domina*nter Blickfang. Mit Bier und Knabbereien im Gepäck lässt sich das verrückte Filmchen gelassen konsumieren.

Kinski ist Caporetti; ein Individualist, Flugzeugpilot, Mörder. Er lenkt die Maschine, die das reiche Fräulein mit an Bord hat. Unmotiviert murrt Klaus herum, dass er „diese Sauerei nicht mitmacht", lässt den Steuerknüppel los, latscht pflichtvergessen durch die Reihen, schnappt sich einen Fallschirm, lässt alle Passagiere im Stich und hopst kackfrech hinaus. Mit schlechtem Gewissen überladen, verliert Klaus folgerichtig die Contenance, weil ihm ein Schurke den Satz an den Kopf schleudert: „Es ist schon ekelhaft, für ein Schwein gehalten zu werden.". Vom Killerdasein nun endgültig die Schnauze voll, will Lumpenkerl Kinski nach Rio türmen. Zuvor warnt er galant die Opferdame. Ein strafendes Messer landet dabei punktgenau in seinem Rücken und abermals darf er „unerträglich" sein Sterben inszenieren. Klaus ist bis zur Hälfte des Films mehrmals im Bilde. Seine wenigen „Einsätze" ergänzen fabelhaft die Verschrobenheit der Handlung.

Mit Steward Granger, Karin Dor, Rupert Davis, Adolfo Celi, Curd Jürgens, Scilla Gabel und Erika Remberg

Mai 2001, März 2014 und April 2020 bewertet

47. Töte Amigo

Aka: Quien sabe?; A Bullet for the General; Viva Bandito; El Chuncho

Regie: Damiano Damiani

Jahr: 1966

Laufzeit: 118 Minuten

Mitten in Mexiko machen mordende Männer Moneten mit Maschinengewehren. Den Kern dieser zusammengewürfelten Gemeinschaft, die gegen viel Geld eine Menge Waffen für die Landarbeiterrevolution beschafft, bilden der naive, lebenslustige, muschi- und zasterliebende Trommler El Chuncho, sein Halbbruder, der brutal-demagogische El Santo und ein amerikanischer Milchbubi mit dem Kosenamen El Nino, der weder raucht, säuft noch herumhurt. Getreu dem Motto: "Leben ist manchmal schlimmer als sterben", führt der weitere Weg dieser Herren schnurstracks in den moralischen Abgrund.

Von einem Western zu sprechen, nur weil ein paar Typen durch die Gegend reiten, verbietet sich der Regisseur. Es herrschen in der Tat nachdenklicher Tiefgang, komplexe Charaktere und eine süffisante Prise Zynismus vor. Das geniale Wechselspiel von Volonte & Castel, die sarkastische Fabel, obendrein die hörenswerte deutsche Sprachfassung sorgen für ein ausgezeichnetes Filmwohlgefühl.

Mit türkisfarbenem Stirnband und energischen Bibelsprüchen verkörpert Klaus Kinski den unduldsamen „El Santo". Unbarmherzig erlöst „Der Heilige" für die Revolution und für Jesus Christus möglichst viele Sünder von ihrem Erdendasein. Fanatisch dreinblickend wie ein langhaariger Katholiken-Terrorist reitet Messias Klaus an der Seite seines Halbbruders. Er knallt jedem, der nicht schnell genug wegläuft oder tot ist, mit sakralen Sinnessprüchen garnierte Kugeln um die Ohren. Mit drohender Faust und pulsierender Stirnader brüllt er hemmungslos Soldaten an; schleudert ihnen Handgranaten im Namen des Vaters, des Sohnes und des Heiligen Geistes vor die Füße. Er kann auch anders: Während Geschwisterkindchen El Chuncho des Nachts wegreitet, wird Bruder Klaus plötzlich zum Hasenfuß und wimmert: „Komm bald zurück!", wobei seine Gesichtsmuskeln traurig zucken. Kinski, selbst ernannter Himmelsfürst, will das Todesurteil an seinem Brüderchen eigenhändig vollstrecken und offenbart: „Gott ist großzügig, ich bin es nicht!". All diese Spielszenen landen unvergessen in unserer Hirnschublade, die mit KLAUS KINSKI beschriftet ist.

Mit Gian Maria Volonte, Lou Castel, Martine Beswick

November 2000, Januar 2013 und April 2020 bewertet

48. Sumuru – die Tochter des Satans

Aka: The million eyes of Su-Muru; The slaves of Sumuru

Regie: Lindsay Shonteff

Jahr: 1967

Laufzeit: 76 Minuten

Die konspirative Gruppe Sumuru hat ganz eigene Vorstellungen von der Emanzipation. Sie schmiedet Pläne für eine intelligente, schöne Welt, in der nur Frauen regieren. Mit dem Ziel, sie zu ermorden, schmeicheln sich Kämpferinnen mit einer gehörigen Portion Herzenskälte diskret an vermögende, einflussreiche Männer in aller Welt heran. Der angeborene Knutsch- und Fummelinstinkt der holden Weiblichkeit gewinnt mitunter die Oberhand, sodass sich nicht jeder Todesplan verwirklichen lässt. Zwei Briten sollen im Auftrage des Secret Service das Leben des Präsidenten von Sidonesien beschützen, weil in seinem Ländle Ölvorkommen entdeckt wurden und die Millionen Augen der Sumuru ihn deshalb im Visier haben. Es beginnt ein echter Endkampf der Geschlechter mit jeder Menge Blei und Bomben.

Der keusche Betrachter wird wehrlos in die Leinwandwelten von Absurdistan hineingelotst. Mit an Bord sind britischer Humor und ein asiatisch angehauchter Score mit Lautmalereien aus einem Saxophon. Das hemmungslos an den Haaren herbeigezogene Szenario kann getrost wie eine leichtmatrosige Allegorie (= rational fassbare Darstellung eines komplexen Begriffs) zum Thema Gleichberechtigung ausgedeutet werden.

Sie möchten Klaus Kinski sprechen und sind weiblich, ledig, jung? Dann wählen Sie bitte die Nummer 55 714. Der kecke frauenverschlingende Pfau residiert im 22. Stock eines namenlosen Hotels in Hongkong und verkörpert im roten Seidenkimono den Schaumwein schlürfenden Präsidenten Boong von Sidonesien. Unbeherrscht geil fiebert der Sexstrolch nach den Schnepfen, fragt ganz aufgeregt: „Ist es ein sanftes Mädchen?“. Der Lustmolch ist spürbar in seinem Element, agiert mit einer fabelhaft ausgelassenen, heiteren Note. Es sind burleske Szenen, wenn Wüstling Klaus an der Bar des Hotelzimmers gedankenlos sein Sektchen vergießt, während er auf die Uhr schaut oder sich einem schnurrigen Kater gleichend aus den vielen Couchkissen heraus wühlt, am Champusglas nuckelt und mit den Füßen seine nächste „Spielkameradin“ angelt. Gegen Schluss wird uns gar ein doppelter Kinski unter die Augen gerieben.

Mit George Nader, Frankie Avalon, Maria Rohm, Shirley Eaton

August 2001, April 2014 und Mai 2020 bewertet

49. Die Pagode zum fünften Schrecken

Aka: Five golden Dragons; I cinque draghi d`oro

Regie: Jeremy Summers

Jahr: 1967

Laufzeit: 100 Minuten

Fünf wirtschaftlich bedeutende Männer aus New York, Beirut, Hongkong, Paris, Rom bilden ein geheimes Syndikat, um den Goldmarkt zu kontrollieren. Zwecks Verteilung des angesammelten Gewinns von 50 Millionen Dollar wollen sie sich erstmalig persönlich treffen. Boshafter weise hockt unter ihnen ein Hallodri, der mit gezinkten Karten spielt. Darüber hinaus will ein Shakespeare-affiner Kommissar und ein etwas trotteliger Journalist diesem anrüchigen monetären Treiben ein Ende bereiten.

Dieser fernöstlich eingefärbte Euro-Mix nimmt sich zum Glück selber nicht allzu ernst und der musikalische Rahmen unterstreicht bravourös dies unverfängliche, niedliche Actionmovie. Wirklich verblüffend gelungen sind die dahinschmelzenden Barlieder von Margaret Lee sowie die pompöse Popeinlage von Yukari Ito. Eine relaxte Atmosphäre ohne cineastischen Tiefgang ist garantiert. Die fast fünfundzwanzig Minuten längere englische Fassung ist der verstümmelten deutschen Ausgabe vorzuziehen.

Klaus ist Gert und der konspirative fünfte „Drache". Mit gepunkteter Fliege, Sonnenbrille und dauerqualmend („Er raucht wohl auch im Schlaf") ringelt er sich schlangengleich zwar nur vereinzelt, dafür mit wohldosierten Gesten und dem diabolischen Kinski-Blick durch die Kulissen. In der Schlussrunde wird Klaus von einem „undankbaren" Gefangenen stranguliert. Es bilden sich vor Schreck gleich zwei regenwurmdicke Adern auf seiner Stirn.

Mit Maria Perschy, Christopher Lee, Maria Rohm, Sieghardt Rupp, Bob Cummings, Rupert Davis

Mai 2001, Februar 2014 und April 2020 bewertet

50. Die blaue Hand

Aka: Creature with the blue hand; The bloody dead; La main de l`epouvante; L`artiglio blu;
La main qui tue

Regie: Alfred Vohrer

Jahr: 1967

Laufzeit: 83 Minuten

In dem Herrschaftshaus des verschollenen und für mausetot gehaltenen Lord Emerson tummeln sich seine fünf erwachsenen Kinder, darunter ein brüderliches Zwillingspaar, die zweite Frau des Adligen sowie ein zwanghaft von Neugierde erfüllter Kammerdiener. Eines dunklen Tages wird Richards Ebenbild Dave trotz herausgebrüllter Unschuldsbeteuerungen wegen Mordes verurteilt. Aufgrund amtlich bestätigter Verrücktheit wird er ins Irrenhaus gesperrt. Nach seiner organisierten Flucht durchzieht tödlicher Wahnsinn in Form einer rasiermesserscharfen blauen Metallhand die Flure des Schlosses. Dave will währenddessen seine Tadellosigkeit beweisen, Richard verduftet spurlos und die übrigen Geschwister werden gemeuchelt oder entführt. Eine unheimliche Klapsmühle scheint bei all den finsteren Begebenheiten eine unrühmliche Rolle zu spielen. Im Hintergrund hält fraglos nur eine Person alle Fäden in der Hand, zieht an den todbringenden Strippen. Das charakterlich verkommene Wesen weiß um das Testament des alten Lords und will exklusiv an die Erbschaft herankommen.

Es erwartet uns ein „Hallo, hier spricht Edgar Wallace“, der mit superber Filmmusik aufwartet. Neben der atmosphärisch wirkungsvoll umgesetzten Story werden verschrobene Typen (man achte auf den Butler) sowie Gemeinheiten und zynische Dialoge frei Haus geliefert.

Der Hauptdarsteller des vorliegenden Buches tritt erstmals in einer Doppelrolle auf und spielt die Zwillingsbrüder. Gleich zu Beginn hechtet ein verurteilter Mörder (Klaus Kinski) über die Gerichtsbank, schreit in Dauerschleife immer lauter werdend: „Ich bin unschuldig“. Das Gezeter hilft nicht. Dave-Klaus-Emerson wird weggesperrt. Hernach betritt sein Zwillingsbruder Richard-Kinski-Emerson die furchteinflößende Bühne. Eines Abends verduftet der Richie auf geheimnisvolle Weise. Fortan wandelt Bruder Dave allein durch die Kulissen. Betrachtet man seine sonstigen Wallace-Rollen, ist Kläuschen endlich mal der nette Typ von nebenan. Er ist oft im Bilde und Mittelpunkt der kreiselnden „Wer hat es getan?“- Frage. Selbst die polizeilichen Ermittler arbeiten gerne mit ihm zusammen, vertrauen ihm blind. Kinski – der brave Gutmensch in einem Wallace; das hat Seltenheitswert.

Mit Harald Leipnitz, Thomas Dannenberg, Siegfried Schürenberg, Albert Bessler, Ilse Steppat

November 2010, Oktober 2018 und April 2021 bewertet

51. Grand Slam

Aka: Top Job – Diamantenraub in Rio; Um jeden Preis; Ad ogni costo; Tob Job; Diamantes a go-go; Le carnaval des truands; At any price

Regie: Giuliano Montaldo,

Jahr: 1967,

Laufzeit: 119 Minuten

30 Jahre unterrichtete Professor James Anderson in Rio de Janeiro an einer christlich-amerikanischen Schule, glotzte ebenso lange auf den gegenüber liegenden Bürokomplex der Diamond Company. Im Februar sowie im Oktober werden dort jährlich Kohlenstoffklunker im Werte von 10 Millionen Dollar angeliefert und in dem Safe Royal 1964 deponiert. Die sensiblen Mikrofone der Alarmanlage Grand Slam 70 registrieren jedes noch so winzige Geräusch. Auf Basis seines angehäuften Wissens über das Nachbargebäude rekrutiert Mister Anderson nach dem Ruhestand vier empfohlene Spezialisten: einen italienischen Elektrotechniker, einen Safeknacker aus London, einen französischen Playboy und einen deutschen Militärfallschirmspringer. Mit ihrer Hilfe will er einen fast perfekten Bankraub über die Rentnerbühne bringen. Wie ein präzise gestelltes Uhrwerk muss nun ein Diebeszahnrädchen in das Nächste greifen, um seine ihm zugeteilte Aufgabe erfüllen zu können. Gelingt dem professionellen Diamantenorchester der große Coup oder bereiten unvorhergesehene Ereignisse dem Treiben ein unwürdiges Ende?

Dieser klug durchdachte räuberische Thriller baut akribisch und geräuscharm den Spannungsbogen auf. Mittendrin weht eine wohltuende Prise Lockerheit herein, die das heiß gelaufene dramatische Ambiente zum Durchatmen ein wenig abkühlt.

Die Karteikarte der Rubrik „Military“ enthält die Personalien von: „Sergeant Erich Weiss, geb. 7. Februar 1928, wohnhaft in Hamburg, Ludwig Straße 12, Beruf: u. a. Fallschirmspringer, Merkmale: keine Eltern“. Klaus-Erich-Kinski ist eine der vier tragenden Säulen des Films. Er gibt sich teutonenhaft, energiegeladen und latent gewaltsam. Soldat Klaus dirigiert die schattenhafte Langfingercombo mit eiserner Disziplin. Seine humorlose Wattzahl erhöht sich durch die Witzeleien des Playboys, der ihn mit Sätzen wie „Sweet Dreams, mein General“ neckt und langsam Klausis Sicherungen zum Durchschmoren bringt („You dirty Pimpf!“). Seine im Zaum gehaltene Originalstimme ist unterkühlt, militärisch knapp gehalten, explodiert unvermittelt, wenn die Mannschaft schlappmachen will. Drill Instructor Kinski wütet, schubst, verdrischt und animiert seine Jungs, damit die bloß nicht das Ziel aus den Augen verlieren. Da der Tyrann aus Germany sehr oft zu sehen ist, spürt man dessen permanente Angespanntheit bis zu unserem durchgesessenen Zuschauersofa. Kurz vor Toresschluss bohren sich drei hinterhältige Kugeln in den durchtrainierten Kinski.

Mit Janet Leigh, Edward G. Robinson, Adolfo Celi, Robert Hoffman, Riccardo Cucciolla, George Rigaud

Mai 2002, Oktober 2014 und Juni 2020 bewertet

52. Mit Django kam der Tod

Aka: Mann, Stolz und Rache; L`uomo, l`orgoglio, la vendetta; Man, pride and vengeance; L`homme, l`orgueil et la vengeance; Carmen; Gurur ve Intikam

Regie: Luigi Bazzoni

Jahr: 1967

Laufzeit: 96 Minuten

Das verschlagene rehbraunäugige Zigeunermädchen Carmen mit ihrer lasziven, erotischen Ausstrahlung verdreht den Männern höchst eigennützig den Kopf. Soldat Jose wollte eigentlich Karriere machen, verfällt aber mit Haut und Haaren der Gipsy-Braut. Fortan verketten sich ihre Schicksale miteinander. Im Eifersuchtsrausch meuchelt er einen Nebenbuhler, muss deshalb fliehen. Für das Objekt seiner Begierde erhofft er sich ein ehrliches Leben in Amerika; braucht dafür aber Kohle! Ein unblutiger Goldraub soll es richten. Doch erstens kommt es anders und zweitens als man denkt.

Es handelt sich nicht um einen Cowboyfilm, sondern um ein abwechslungsreiches, stein- und sandverstaubtes Drama aus den Weiten der andalusischen Prärie. Die verträumte, melancholische Gitarre von Carlo Rustichelli stellt eine hörbar gelungene Begleiterin in dieser berührenden Charakterstudie um die egozentrische Gier nach Körpern und Gütern dar. Zur Synchronisation: Die DDR-Fassung ist zu empfehlen, denn sie ist wesentlich ernsthafter als die kalauernde, Django-bemühte bundesrepublikanische Ausgabe.

King Kinski erscheint nach 50 Filmminuten. Er hockt am Lagerfeuer und ist Garcia, der Ehemann von Carmen. Der flüchtige Ex-Knacki macht sogleich klar: „Der Chef hier bin ich!“. Voller Bestimmtheit entführt Klaus berserkerhaft die mit Gold bestückte Kutsche, reitet zornig durch die Wüste und ist bei dem elendig langen Fluchtmarsch unbeirrbar dynamisch unterwegs. Dem Widersacher Jose gönnt er kein Gramm Gold. Darum zettelt der Geizige einen Tobsuchtsmesserkampf an, den er noch mit irrsinnigen Lachsalven befeuert. Das präzise Schneideinstrument beendet die Showeinlage, landet in Klaus Garcia, der ein prägnantes Todesballett vollführt und dabei von nimmersatten Geiern erwartungsfroh beäugt wird. Die relativ kurze, aber entschlossene, ruppige Nebenrolle erfüllt Herr Kinski in bester, prolliger Machart.

Mit Franco Nero, Tina Aumont, Guido Lollobrigida und Karl Schönböck

Mai 2001, Januar 2014 und April 2020 bewertet

53. Das Gold von Sam Cooper

Aka: Jeder für sich; The ruthless four; Sam Cooper`s gold; Each Man for himself; Chacun pour soi; Ognuno per se; L`oro di Sam Cooper

Regie: Giorgio Capitani (Pseudonym: George Holloway)

Jahr: 1967

Laufzeit: 102 Minuten

Goldsucher Sam hat in den felsigen Gebirgszügen des Wilden Westens endlich das ersehnte, gediegene Element gefunden. Mit einem Zweckbündnis aus drei undurchsichtigen Begleitern macht sich Cooper erneut auf den Weg, um so viel wie möglich von dem Schwermetall nach Hause zu schleppen. Das zu Orange tendierende gelbe Mineral durchsetzt nicht nur Gestein; es wurzelt sich genauso unerbittlich in Herz und Verstand von Menschenkindern. Auf dieser Basis sind der Weg und der Abbau des Aurums heimtückisch, rau, strapaziös und mörderisch. Es schwebt die bange Frage umher, ob das gierige Quartett wohlbehalten und vollständig zurückkehrt, um den Reichtum nach Herzenslust zu genießen?

Vor unseren goldgetrübten Sinnesorganen zur Wahrnehmung von Lichtreizen entfaltet sich ein packendes Westerndrama mit deftigem amerikanischem Einschlag, das auf zwiespältige Charaktere und mitfieberndes Geschehen setzt. Die deutschen Synchronsprecher sind durchweg Goldkehlchen. Die Mühsale der Viererbande werden so überzeugend dargestellt, dass man richtig mitleidet. Der wettergegerbte, gutmütige Van Heflin beeindruckt bereits in der Anfangssequenz, wenn er am Ende seiner Kräfte angelangt, durch die sonnendurchflutete Wüstenhölle stapft.

Mit Regen, Blitz und Donnerschlag reitet Klaus Kinski in die Stadt. Selbstbewusst bestellt er im Saloon ein Glas Milch. Man(n) ruft ihn Brent, den Blonden, der lammfromm einen Priestertalar trägt, darunter sowohl seine Homosexualität verbirgt als auch die nicht ganz unbedeutende Tatsache, dass er ein gesuchter Mörder ist. Der staubige Klaus hat einige erlesene Wortwechsel. Stets umweht ihn ein sadistischer Hauch. Wie ein beleidigter Geck beschwert er sich beim Wiedersehen seines engen Freundes flüsternd: „Warum bist du abgefahren, ohne was zu sagen?“, schiebt seine Visage dabei hauteng an die von Manolo, der bei Regen völlig ungeniert einen zitronengelben Schirm benutzt. Kinski arbeitet geschickt mit kleinen angedeuteten Gesten, die wir in einem Western so bei unserem Goldherzchen noch nicht gesehen hatten. Kurz vor Minenschluss wird der hinterhältig handelnde Klaus erst verdroschen, dann erschlagen. Doch bis dahin ist es eine schwelgerische Wonne, seinem Schauspiel zu frönen.

Mit George Hilton, Gilbert Roland, Rick Boyd

Oktober 2006, Januar 2016 und November 2020 bewertet

54. Der Teufelsgarten

Aka: Coplan sauve sa peau; L`assassino ha ore contate; Devil`s Garden; Requiem for a snake; Les Jardins du Diable

Regie: Yves Boisset

Jahr: 1967

Laufzeit: 105 Minuten

Alamut Kaleisi – das Gespenst der Berge, die Festung des Schreckens in den Gärten des Teufels, erbaut auf Menschenknochen. In den Tiefen ihres Schlangenturms verbirgt sich hinter der letzten Tür sogar ein strahlendes Geheimnis. Burgherr Hugo Gernsbach haust dort und will in bester Gutmenschenmanier verhindern, dass die Wissenschaft für Kriegszwecke missbraucht wird. Dank seiner diesbezüglichen Endzeit- und Zerstörungsdrohungen läuft irgendwie langsam, aber sicher alles aus dem politischen Ruder. Boss Hugo nebst seinen ihn vergötternden Schwestern Mara und Eva geraten in Geschehnisse, die im Moloch Istanbul eine Folklore menschlicher Abgründe entfesseln. CIA-Agent Coplan soll Schlimmeres verhindern und gerät mitten hinein. Zur Erfüllung seines Auftrages muss er sogar die Todesjagd durch das Tal der Gräber überstehen, die Friedensapostel Hugo und seine schwer bewaffneten Engel so gerne als Freizeitaktivität organisieren.

Eine hinreißende „Klamotte" aus den opiumvernebelten Kabuffs europäischer Drehbuchautoren kommt zum Vorschein: Ein wüstes Gebräu aus Thriller-, Horror und Science-Fiction Elementen wird schamlos zusammengemixt. Man durchlebt spaßig-abwegige Filmminuten, die am Schluss unerwarteterweise von dem sanften französischen Ohrwurm „Mara-Eva" von Toulai untermalt werden.

Klaus Kinski spielt den Mara-Verehrer und Bildhauer Theler, der riesenhafte weibliche Körperteile aus Gips erschafft! Während seiner Arbeit ist der Halbnackte nur mit einer süßen Schlafanzughose bekleidet. Beim Besuch von Coplan schreitet Künstler Klaus, rauschhaft von Maras vollendetem Körper schwärmend auf die Kamera zu. Man ist panisch geneigt, sich etwas zurückzulehnen. Beim zweiten Mal umschlingt ihn nur sein Badetuch, während er ein entblößtes Model drapiert. Nochmals wird er unsanft in die Mangel genommen und plaudert entnervt süße Geheimnisse aus. Zu guter Letzt liegt Modellierer Kinski mit einem anderen Boy auf dem Boden eines türkischen Bades. Gemeinsam ziehen sie kleinen Barbie-Püppchen die Kleider aus. Dieser „barbarische" Akt bleibt nicht ungestraft: Schwupps schleicht ein entstellter Bösewicht heran und ertränkt Puppendoktor Klaus in einem Handwaschbecken. Kinskis Darstellung des verschrobenen Skulpturenherstellers passt ideal hinein in das filmische Panoptikum an Absurditäten. Unsere Lieblings-KINSKI-Filmfrau Margaret Lee, tut sich in einer Doppelrolle und mit hingebungsvollem Bauchtanz hervor.

Mit Hans Meyer, Bernard Blier, Claudio Brook, Jean Servais

Februar 2008, Dezember 2016 und Januar 2021 bewertet

55. Sigpress contro Scotland Yard

Aka: Psychopath; Mister Zehn Prozent – Miezen und Moneten

Regie: Guido Zurli

Jahr: 1968

Laufzeit: 92 Minuten

Diebische Unterweltbanden werden von „James Bond“ beklaut, verkloppt, verpfiffen. Gentleman Sigpress mit dem gewissen Weitblick und einem Faible für Verkleidungen kennt die krummen Dinger schon im Voraus. Den gewissenlosen Langfingern stellt er damit gerne mal ein finanzielles Bein. Seinen Schabernack auf mehrere Schultern verteilend, versorgt „Mister Zehn Prozent“ zusätzlich den leicht überforderten Inspektor Bennet telefonisch mit Hinweisen.

2007 lag noch die unscharfe, im falschen Bildformat daherkommende deutsche Version mit mickrigen 78 Minuten vor und wurde so bewertet: „Bitte diesen Film nicht ernst nehmen. Das macht er mit sich selbst auch nicht. Es gibt herrlich überzeichnete Schurken und infantile Gutmenschen. Die Dialoge sind oft sehr albern. Der Inhalt stammt aus einem Groschenroman der „Neuen Revue“. Dieser Schinken ist ein völlig harmloser Zeitvertreib zwischen „Frühstück und Gänsebraten“. Das namensgleiche Ohrwürmchen wurde übrigens von Ralph Siegel komponiert.“.
2016 lag mir die um vierzehn Minuten längere, bildtechnisch makellose italienische DVD vor. Es fällt auf, dass die deutsche Fassung zum völligen Klamauk umfunktioniert wurde. Ein bescheidenes „Mister Zehn Prozent“-Liedchen erklang dort, während im Italienischen der gigantische Richard Wagner ertönet, wenn der Meisterdieb die Polizei anruft.
2020 ergibt sich dieses Gesamtfazit: Diese spitzbübische Actionkomödie lässt sich Zeit, wird genüsslich ohne Hektik erzählt und garantiert eine spritzig-federleichte, kindgerechte Sonntagsunterhaltung. Es gibt puren Slapstick mit einfallsreichen Kamerapositionen zu bestaunen.

Klaus ist Mister Periwinkle und für seinen Wohltäter namens Sigpress das „Mädchen für alles“. Als hochnäsiger Butler gibt er mit unterwürfigen „Si Signore“ oder „No Signore“ seinen Einstand. Hernach bearbeitet Massage-Kinski gekonnt Rücken und Nackenmuskulatur des verwöhnten Ernährers. Zwischendurch darf Klausi auftragsgemäß seinen alltäglichen Gewohnheiten nachgehen, wie Ratschläge verteilen, Polypen umhauen, Fluchtautos steuern. Seine letzte Szene ist gleichzeitig seine Knuffigste: der ergebene, dandyhafte Hausdiener Klaus lümmelt mit Zigarettchen und Cognac tiefenentspannt auf einer blauen Couch, während er zu Alibizwecken seines Mäzens ein Tonbandgerät mit dessen Stimme laufen lässt.

mit Karin Field, George Martin und Dick Palmer

Mai 2007, September 2016 und Dezember 2020 bewertet

56. Sartana – Bete um Deinen Tod

Aka: Se incontri Sartana, prega per la tua morte; If you meet Sartana, pray for your death

Regie: Gianfranco Parolini (Pseudonym: Frank Kramer)

Jahr: 1968

Laufzeit: 95 Minuten

Zwei unersättlich unmoralische Bankdirektoren kriegen den Schlund nicht voll, täuschen dreist einen Goldraub vor, um die Versicherungssumme zu kassieren. Der Schurkerei nicht genug, wollen sie sogar die angeheuerten Banditen bescheißen, um selber mit dem Edelmetall abzuhauen. Goldhaltige Klumpen werden aus diesem (un)-ehrenwerten Grund gegen Gesteinsklamotten getauscht. Daran erhitzen sich so schräge Typen wie der broilerfressende, dauerverschwitzte General Tampico, der herrlich loswiehernde, treffsichere blonde Billie-Boy Berger und natürlich Sartana, ein „Totengräber der Spitzenklasse".

Welch erfrischende Schizophrenie hier vorherrscht: Man ist umgeben von einhundert Leichen, die gefühlt mit zehntausend Schuss niedergestreckt wurden. Trotzdem kommt in diesem italienischen Cowboyfilm die gute Laune nicht zu kurz und es gibt an allen Ecken und Enden schmunzelwürdige Erlebnisse.

Gleich in der ersten Filmminute ballert ein lautlos lauernder Klaus zwei alte Herrschaften ins Grab. Kinski serviert uns fortan einen blauäugigen, wortkargen, die Drecksarbeit verrichtenden Vollstrecker namens Morgan. Später hockt Klausi im Friseurstübchen, lauscht mit der ihm eigenen abschätzigen Mimik einer angeblich wahren Geschichte vom Westernmärchenonkel Sartana. In seinem finalen Abgang liefert er sich kurz danach mit dem „Helden" ein verbissenes, grimmiges Waffenduell zwischen lauter Särgen. Der ungeschickte Klaus wird von umstürzenden Totenkisten eingeklemmt und bleibt an der eigenen Klinge hängen. Der Pechvogel geht mit einem lauten Schmerzensschrei in die ewigen Jagdgründe ein. Haften bleibt wiederum Kinskis humorvolle Seite, die er allein durch seine spezielle Körpersprache erzeugt und nicht etwa durch verbissenes Agieren als Komiker.

Mit John Garko, Fernando Sancho, Sidney Chaplin, William Berger

November 2000, Dezember 2012 und März 2020 bewertet

57. Due volte Giuda

Aka: Kugeln tragen keine Unterschrift; Zweimal Judas; Dos veces Judas; Deux fois traitre;
Twice a Judas; They called him graveyard

Regie: Nando Cicero

Jahr: 1968

Laufzeit: 92 Minuten

Luc Barrett liegt von hungrigen Aasgeiern umgeben, halb tot und ohne die geringste Spur der Erinnerung im Wüstensand neben einer Leiche. Für ihn fremde Menschen nehmen ihn bei sich auf. Der Amnesiemann vertraut ihren Geschichten über sein Leben. Schrittweise stößt er auf immer mehr Ungereimtheiten und Merkwürdigkeiten. Sein Gedächtnis kehrt tröpfchenweise zurück. Langsam aber sicher beginnt die aufgetischte Märchenfassade zu bröckeln und die Fratze der brutalen Familienwahrheit zeigt sich in all ihrer Hässlichkeit. Der betrogene, verletzte, tragische Luc greift in letzter Konsequenz zu Papas alter Bleistreubüchse; beschreitet damit den wütenden Weg der Abrechnung.

Hier lacht keiner: Ein Baby heult wie am Spieß und der verängstigte Haushund bellt in Dauerschleife. Dieser gemeine, aufwühlende, psychodramatische Thriller im Westerngewand mit einem leisen Anflug von Noir ist ungemein düster.

Klaus Kinski hat die Hauptrolle abgegriffen. Einige Zeit lang mimt er noch den besorgten Bruder Victor Barrett, doch der falsche Fuffziger ist in Wahrheit ein brutaler Spekulant und Menschenschinder namens Dingus. In gekonnten Makroaufnahmen fängt die Kamera eine schuldbeladene Traurigkeit gepaart mit Eiseskälte in Kinskis Gesichtszügen ein. Beeindruckende Tobsuchtsanfälle runden sein Auftreten ebenso ab wie derartige unerwartete Anblicke: Zärtlich schnappt er sich das lockige Wonneproppenbaby einer Farmersfrau, schäkert verkrampft herum. Das winzige Menschenkind erspürt böse Schwingungen und streckt verzweifelt die Ärmchen nach der Mutti aus. In einer anderen Einstellung schleppt Klein-Kinski mit beiden Händen mühelos den großen schweren Körper seines verletzten „Bruders“. Am Ende gar schreit der mordlüsterne Wüterich den halben Steinbruch zusammen. Erst eine Riesenladung Bleischrot kann sein animalisches Verlierer-Gebrüll stoppen! Die dauerhafte Teilnahme von Mimikarbeiter Kinski erhöht das ohnehin schon vorhandene Filmniveau.

Mit Antonio Sabato Jr., Pepe Calvo, Franco Leo, Christine Galbo

Januar 2008, Oktober 2016 und Dezember 2020 bewertet

58. Vatican Story

Aka: A qualsiasi prezzo; The Vatican Affair; Trahison an Vatican; Casse au Vatican; L`Affaire Vatican; Tajna Vatikanskog Blaca

Regie: Emilio P. Miraglia

Jahr: 1968

Laufzeit: 97 Minuten

Der angegraute, blinde Professor Cummings hat beste Beziehungen zum Vatikan, wird sogar vom Papst persönlich empfangen. Als Dank plant der gewiefte Amtsträger, um jeden Preis die Juwelen aus der Schatzkammer von Gottes Stellvertreter auf Erden zu stehlen. Dazu stellt er ein Quartett aus Könnern zusammen. Unter seiner tatkräftigen Mitwirkung beginnen die Vorbereitungen für den großen Coup. Am Tag X läuft so weit alles nach Plan. Der schlaue Gelehrte hält das Diebesgut in seinen Händen. Einige Mitglieder der Bande werden aber plötzlich ganz diskret um die Ecke gebracht; andere in eine Falle gelockt. Nanu, wer treibt denn hier auf einmal sein egomanes Unwesen?

Ein weiteres Heist-Movie aus dem filmischen „Spaghettivorratsschrank“ landet auf unserem Couchteller. Umwölkt ist das Gericht mit zart dahinschmelzenden leichten musikalischen Ideen, verbunden mit einer sich permanent steigernden Dramatik.

Clint Rogers alias Kinski ist militärisch ausgebildeter Sprengstoffexperte und somit wichtiger Bestandteil des Klaukollektivs. Nur wenn unbeherrschte Nervosität nach ihm greift, wird er zickig wie ein rotziger Schuljunge. Ansonsten steuert der Bursche im Kurzarmshirt einen Jeep, fliegt einen Hubschrauber, testet die Wirkung seines Dynamits, klaut gleich einen ganzen Granatwerfer, baut aus Matratzen einen Riesenschalldämpfer, vermöbelt einen Rivalen, bastelt mit Corona-Maske am Fluchtweg, spielt toter Käfer, sitzt beim filmischen Ausklang in einem Café und wird schließlich von der Polizei umkreist. Filmsoldat Klaus ist glücklicherweise kein Statist am Rande des Geschehens, sondern hat mehrere bunt gemischte Auftritte, in denen er sein Können unter Beweis stellt.

Mit Walter Pidgeon, Ira von Fürstenberg, Guido Alberti

August 2002, März 2009 und Juni 2020 bewertet

59. Der Bastard

Aka: I Bastardi; Le Batard; Sons of Satan; I giatti; The Cats

Regie: Duccio Tessari

Jahr: 1968

Laufzeit: 88 Minuten

Es war einmal eine Ballade von der Whisky-Mama und ihren zwei verpfuschten Räubersöhnen. Der erstgeborene Adam ist ein verrohter Teufel, der Leuten gerne in den Rücken schießt. Daher befremdet es nicht, wenn der menschliche Kühlschrank seinen kleinen diebischen Bruder Jason brutal foltern lässt, nur um an das Versteck von dessen Juwelenraubbeute zu gelangen. Nach erfolgter Genesung auf der Ranch eines Cowgirls, die den Zerschundenen aufgepäppelt hat, kann der nachvollziehbar rachedurstige Jason schließlich losziehen und familiäre Selbstjustiz üben.

Spaghetti meets Burger – weitläufige amerikanische Prärie und piefiges Kleinstadtflair dienen als Kulisse für menschliche Dramen nach italienischer Machart. Eine solide Kameraarbeit, untermalt von eingängiger Flöten-Jazz-Orchestrierung, begleitet den harten, ungemütlichen Film.

Klar, „Der Bastard“ bezieht sich natürlich auf den Kinski, Klaus. Er ist als Scheißkerl-Sohn Adam in einer tragenden Nebenrolle unterwegs. Dieser Egomane stolziert gottlos und ohne Zartgefühl durchs Leben, schenkt seiner alkoholkranken Mutter ohne Skrupel eine Kiste Whisky zum Geburtstag. Den Kotzbrocken gibt Klaus mit kaltem Herzen und körperverletzender Härte. In mehreren völlig unterschiedlichen Darstellungen imponiert unser Liebling: Klaus schmaust bübchenhaft von Mamas Schokokuchen, kriegt dafür eins auf die Naschpfote und ist für einen Moment das unschuldige Kind einer Mutter. Im Erwachsenenmodus schmust er liebesdurstig mit Margaret Lee oder verliert sein letztes Gramm an Sitte und lässt seinen Bruder misshandeln. Diese emotionalen Diskrepanzen variiert Kinski mit nuancenreichem Spiel.

Mit Giuliano Gemma, Claudine Auger, Rita Hayworth

September 2002, Dezember 2014 und Juni 2020 bewertet

60. Leichen pflastern seinen Weg

Aka: Il grande silenzio; The big silence; Le grand silence; Le grand massacre; The great silence

Regie: Sergio Corbucci

Jahr: 1968

Laufzeit: 104 Minuten

Im eisigen Jahre 1898 tanzen und wirbeln im Bundesstaat Utah Schneeflocken ebenso durch die Luft wie Todeskälte versprühende Bleikugeln. Der Ort, an dem sich bereits Staubfäden an den Gefängnisgittern bilden, schimpft sich der Landschaft entsprechend: Snow Hill. Es regieren die frostigen Wolfsgesetze weniger kapitalhungriger Kopfgeldkassierer. Selbst die vermeintlich Guten leben nach ihren eigenen paragrafenlosen Bestimmungen. Am winterlichen Horizont kündigt sich in Gestalt eines unerschrockenen, ehrlichen Sheriffs plötzlich ein gesellschaftliches Tauwetter an. Gemeinsam mit einem stummen Racheengel will er die kalten Menschenjäger wegschippen. Aber die böse Brut klebt zusammen wie einzelne Eiskristalle, bildet einen mächtigen Flockenteppich aus roher Gewalt, Geldgier und Gewissenlosigkeit.

Kein Wildwestfilm aus dem Land, wo die Zitronen blühen, lässt den heldenhaften amerikanischen Westernmythos grausamer zerplatzen wie dieser phänomenale Kältealbtraum. Durch den unschuldigen Schnee mit seinem über die Landschaft gestülpten weißen Kleid der Stille erscheint die Gefühlslage noch eisiger. Die erlesenen Bestandteile (harmonische Morricone-Bacalov-Musik, Frank Wolff, der liebenswert unterschätzte Sheriff und die German Angst in Gestalt von Klaus) sorgen für fabelhafte Filmfreude. Auf dem damaligen deutschen Kinoplakat findet sich das weiß farbene Wortgebilde: Nie war Kinski böser! Nie war Kinski besser!

Der eiskalte Engel kommt wie eine Venus im Pelz daher. Eingemummelt in ein braunes Bärenfell, behaglich gewärmt von Cowboyhut und Wickeltuch, schlüpft Klaus Kinski in die Rolle des sarkastischen Loco, dessen Weg mit Leichen gepflastert ist. Diese männliche Westernhure killt für den schnöden Mammon jedwedes gesuchte Gesindel ab. Einem Schneetiger gleichend, verliert er beim Jagen nie die Beherrschung, schleicht Beute suchend umher. Sein Eiszapfenhabitus vereint mit stimmlich-kristallinem, ironischen Ausdruck und gletscherblauen Augen, verströmt Zugluft, die einem das Frösteln lehrt. Die Westernschneelawine Kinski rollt in höchster Vollendung hinab.

Mit Raf Badessare, Jean Louis Trintignant, Luigi Pistilli, Mario Brega

Februar 2009, Oktober 2017 und Januar 2021 bewertet

61. Todeskommando Panthersprung

Aka: Cinque per l`inferno; Five for hell; 5 para el infierno; De 5 commando`s; 5 pour L`enfer

Regie: Gianfranco Parolini (Pseudonym: Frank Kramer)

Jahr: 1968

Laufzeit: 93 Minuten

Im Jahre 1943 tobt der Zweite Weltkrieg in Europa und das deutsche soldatische Herrentum nistet sich ungefragt in Italien ein. Eine mondäne Villa wurde zu einem faschistischen Stabsquartier umfunktioniert. Dort lagert der strategisch wichtige Plan der Nazis für die Operation „K" gut verwahrt in einem Wertheim 38-Tresor. Das Anwesen ist von den SS-Mannen der Sicherungsgruppe Süd streng bewacht. Eine amerikanische Sondereinheit, zusammengesetzt aus fünf wagemutigen Boys, soll jenes Elaborat heimlich abfotografieren. Eine gut getarnte Widerstandsdame namens Helga fährt doppelgleisig und leistet wichtige Unterstützung von innen. Mittels Parole „Todeskommando Panthersprung" verschafft sie den Draufgängern heimlichen, stillen und leisen Zutritt. Mit Raffinesse erledigen sie den „Nuttenkram". Am Ende gibt es Gewinner und Lebensverlierer.

Mit pfiffigen Ideen erobert die hemdsärmelige Truppe unsere Herzen. Dabei erleben wir ein verblüffendes, mitreißendes italienisches Kriegsabenteuer.

In strammer Uniform darf sich SS-Standartenführer Kinski als Chef der Sicherungsgruppe namens Hans Müller aufspielen. Das Treiben der Partisanen in der näheren Umgebung geht ihm mächtig auf den Keks. Die Nazibestie befiehlt daher leicht entnervt und zur Abschreckung regelmäßige Erschießungen. Nebenher weckt das erotische Sinnbild frivoler Weiblichkeit in Gestalt von Margaret Lee seinen lüsternen Ehrgeiz. Klaus Müller lässt nichts unversucht, sie zu erobern, doch die holde Maid ziert sich keusch. Trotzdem flaniert er beschwingt durch die Flure, schlürft Schampus, klimpert unmusikalisch auf dem Klavier herum. Der Unmoralische ist ihr verfallen. Seine sehnsuchtsvollen Blicke werden eines Nachts pflichtgemäß und mit Hintergedanken erhört. Kinskis harte Nebenrolle ist ein guter Kontrast zu den steppenden, tänzelnden, springenden Amerikanern. Das lässt ihn noch dämonischer erscheinen.

Mit John Garko, Luciano Rossi, Sal Borgese,

März 2007, Mai 2016 und Dezember 2020 bewertet

62. Marquis de Sade: Justine

Aka: Die Nachteile der Tugend; Justine and Juliet; Justine ovvero le disaventure della virtu; De Sade: le infortunes de la vertu; Deadly Sanctuary; Marquis de Sade: Justine

Regie: Jess Franco

Jahr: 1968

Laufzeit: 124 Minuten

Zwei ungleiche Schwestern müssen nach dem Tode ihres Vaters aus finanziellen Gründen die Klosterschule verlassen. Während sich die eigensüchtige, verkommene, skrupellose Juliette in die High Society hoch vögelt, bleibt für die gutgläubige, unschuldige, etwas tapsige Justine nur Leere übrig. Ohne Bares, Freunde oder einem Zuhause gerät sie rasch in die Fänge von Betrügern, Sadisten, Mördern, die sie ausnehmen, begrapschen, beschuldigen, foltern. Es ist für sie daher gar nicht so einfach, Glaube, Liebe, Hoffnung und die Jungfräulichkeit zu bewahren.

„Keine Frau auf Erden ist so süß wie Justine aus Paris!“, denn Romina Power kommt drollig, erfrischend und herzgewinnend rüber. Für den Regisseur wirklich erstaunlich, handelt es sich um einen frivolen Kostümreigen über Tugend versus Untugend mit leicht ironischem Einschlag. Die Kammermusik von Bruno Nicolai, beeindruckende Locations von Bauwerken des spanischen Architekten Antoni Gaudi in Barcelona sowie die eingesetzten Licht- und Farbspielereien begleiten die Handlung und bringen Anspruch ins bildliche Vergnügen.

Gleich in der ersten Einstellung sitzt der pornografische Philosoph Donatien Alphonse François de Sade alias Marquis de Sade alias Klaus Kinski in einer vergitterten Kutsche, um ins Burgverlies verfrachtet zu werden. Mit weißer Barockperücke, schwarzer Hinterkopfschleife und Rüschenhemd hockt der weggesperrte, sittenlose Jugendverderber Kinski am Knasttisch, greift zur Feder, kritzelt seine amoralische Erzählung über die beiden ungleichen Schwestern nieder. Während seine Blicke dabei umherwandern, erscheinen ihm real wirkende Traumbilder nackter, gefolterter Frauen und stiften Verwirrung in seinem Köpfchen. Wie ein überreifer Apfel auf der Streuobstwiese plumpst Kinski als stummer Schreiberling vor jedem neuen Justine-Fettnäpfchen ins Bild. Die Schweißtropfen auf seiner Stirne formieren sich zum letzten Gefecht. Geistig ausgewrungen wie ein nasses Schwämmchen, vollendet der verkannte Edelmann sein Werk. Klaus bildet den erzählerischen Rahmen und man wartet ungeduldig auf seine nächste Einblendung.

Mit Jack Palance, Horst Frank, Harald Leipnitz, Maria Rohm, Mercedes McCambridge

Mai 2008, März 2017 und Januar 2021 bewertet

63. Double Face

Aka: A doppia faccia; Das Gesicht im Dunkeln; Puzzle of horrors; Liz et Helen; Chaleur et jouissance; Operazione Hallicinante

Regie: Riccardo Freda

Jahr: 1969

Laufzeit: 91 Minuten

Das luxuriöse Leben könnte so unbeschwert sein: schnelle Autos, Alkohol, Geld zum Verballern, Pferderennen. Wenn aber die geliebte Ehefrau plötzlich viel Zeit mit einer anderen Dame verbringt und dann gar zu Tode kommt, muss zwangsläufig ohnmächtige Trauer nach John greifen. Selbst das Wohnanwesen scheint nach dem verklungenen Echo vom letzten „Auf Wiedersehen“ der schönen Helen irgendwie verhext zu sein. Aus heiterem Himmel hopst die rätselhafte Christine in Johns Leben, stiftet mit einem Schmuddelfilm heillose Verwirrung, denn bei einer Aktrice könnte es sich um die tote Ehegattin handeln. Warum will man ihn um den Verstand bringen? Ist da etwa jemand auf sein Vermögen erpicht?

Diese Verfilmung nach einem Edgar Wallace-Schmöker hat nichts mit den gleichnamigen deutschen Stücken am Hut, denn auf englischem Boden vermischen sich klassische Rätselbausteinchen mit modernem Zeitgeist und italienischen Giallo-Elementen. Das Verwirrspiel ist gelungen inszeniert und erhält durch die eigenwillig-eingängigen sowie harmonisch-disharmonischen Kompositionen von Nora Orlandi überdies einen leicht surrealen Touch. Über die Spielzeugauto-Explosion kann man daher getrost und großzügig hinweg sehen.

Filmaugen auf! Es gibt die volle Kinski-Dröhnung, denn unser Lovely Star ist dauerpräsent. Klaus ist der an sich selbst und seiner Wahrnehmung zweifelnde John Alexander. Er qualmt wie ein Schornstein, ist angespannt, unduldsam, verkrampft, bierernst, verletzlich, panisch, verwirrt; die arme Sau, die scheinbar einfach so durchs Dorf gejagt wird. Mit all diesen Facetten stellt Kinski professionell den Verlorenen dar, schindet Mitleid, weil ihm wirklich jeder ans Bein pinkeln will. Ohne Rücksicht auf seine Uhrensammlung scheint die Zeit gegen ihn zu laufen, denn die Realität wird immer unrealistischer. Ein lyrisches Filmbild entsteht ziemlich am Ende: Kinski steht allein an der Bar, die Kamera umkreist ihn aufdringlich, er hält sich am Glas fest, verliert sich in Blicken, während eine zauberhafte Melodie seine Empfindsamkeit und Fassungslosigkeit poetisch einfängt.

Mit Margaret Lee, Günther Stoll, Sidney Chaplin, Christiane Krüger

Oktober 2010, September 2018 und April 2021 bewertet

64. Gangsters Law

Aka: Der Killer; Le legge dei Gangsters; Quintero, das Aas der Unterwelt; La loi des Gangsters

Regie: Siro Marcellini

Jahr: 1969

Laufzeit: 90 Minuten

Autoschlosser Bruno vom Lande will in Genua Fuß fassen, findet keinen Job, wird in seiner Verzweiflung vom glamourösen Glanz der Großstadt geblendet und schließt sich voller Hoffnung einer Schar Räuber an. In kurzen Rückblenden werden die Lebensabläufe der anderen „Teilnehmer" vorgestellt. Den eigenen Wohlstand wollen sie durch den Überfall auf einen Geldtransporter der Nationalbank finanzieren. Ein aalglatter Geschäftsmann ermöglicht ihnen diesen „Wandertag". Dieser noble Herr führt sich nach dem Raub urplötzlich wie ein Kameradenschwein auf und startet eine mörderische Jagd auf die arglosen Gelddiebe.

Die Gangsterballade ist packend umgesetzt, lebt vom Zeitkolorit (Disco, Drogen, Dancing), gelungenen Kamerafahrten, einer klug durchdachten und mit erklärenden Retrospektiven garnierten Geschichte.

Wie nicht anders zu erwarten, hat man Klaus Kinski den zwielichtigen Lumpen Quintero spielen lassen. Langsam fährt das Aas der Unterwelt mit seinem Rolls Royce durchs Bild, gibt an wie eine Lore Affen, entsteigt der geschniegelten Karre, um der Angebeteten mal eben schweineteuren Schmuck zu kaufen. Seine Eitelkeit betonend, trägt Herr Kinski einen Maßanzug mit elegantem Stetson. Ohne Reue knallt der Gewissenlose wenig später seine mitwissende Gespielin ab. Den finanziellen Aspekt dabei nicht aus dem Blick verlierend, zieht er ihr den geschenkten Ring vom toten Finger. Dann geht Kinski mit Maschinengewehr im Anschlag los, um sich seinen Beuteanteil ohne große Gegenfragen zu beschaffen. Seine misstrauische, sadistische, doppelbödige Darbietung ist beeindruckend. Am Ende wird er verdientermaßen wütend verdroschen, mit einem Fischernetz unter Wasser gedrückt und ertränkt.

Mit Maurice Poli, Franco Citti, Helene Chanel

April 2006, September 2015 und Oktober 2020 bewertet

65. Die Leoparden kommen

Aka: Im Vorfeld der Hölle; Il dito nella piaga; Salt in the wound; The liberators; The dirty two; Deux salopards en enfer

Regie: Teodoro Tonino Ricci

Jahr: 1969

Laufzeit: 83 Minuten

Drei amerikanische Militärangehörige unterschiedlicher sozialer Herkunft kämpfen in Italien gegen die Faschisten. Sie sind von den täglichen Kriegsumständen zermürbt und abgestumpft worden. Wegen sinnloser Verbrechen werden zwei von ihnen zum Tode verurteilt. Die Exekution muss der dritte im Bunde, ein Frischling von der Soldatenakademie, anleiten. Unvorhergesehen kreuzen plötzlich kriegsbereite Krauts auf. Das Trio kann im einsetzenden Durcheinander türmen. Sie landen im frömmelnden St. Michele. Dort währt das kurze zivile Sein nicht lange, denn anrückende Besatzerdeutsche im Endkampftaumel gepaart mit den eigenen moralisch verwinkelten Charakterzügen verhindern, dass man dem Zweiten Weltkrieg mit heiler Haut entkommt.

Gespickt mit seelischem Tiefgang, christlichen Botschaften und religiösen Symbolen, ist dieser aufwühlende italienische Kriegsschinken ein echtes Schmankerl. Die hart arbeitende Kamera und die effektvolle Tonkunst von Riz Ortolani verdienen eine gesonderte Erwähnung.

Klaus agiert als Corporal Brian Haskins im „Vorfeld der Hölle“, ist einer der „Dirty Two“, gleichzeitig „der Finger in der Wunde“. Er ist alle naselang zu sehen, weil er einen Hauptcharakter übernahm und es darf konstatiert werden: So viel menschlichen Tiefgang wie hier durfte Kinski selten bis nie in Italokriegsfilmen zum Besten geben. Sein schmerzvoll-trauriger, tränenreicher Blick, während ihn die Dörfler wie einen vermeintlichen Befreier umjubeln, ist zu Herzen gehend. Schnell arrangiert sich der gedungene Kleptomane mit den Verhältnissen, macht aus alter Gewohnheit auf Weiberheld und Kirchendieb. Seine Geliebte ertappt ihn beim schamlosen Stehlen im Hause Gottes. Der Langfinger tippelt wie ein reuiger Sünder eilig davon. Weil das Mädel später erschossen wird, rennt der mit Liebe, Schuld und Sühne angefüllte Kinski schreiend auf die deutschen Panzer zu, brüllt „Ihr elenden Mörder“, jagt eine Salve nach der anderen in Richtung Wehrmacht. Hiernach erwischt ihn ein deutscher Kugelhagel. Er fällt auf das Kettenfahrzeug und haucht in Erlöserpose sein widersprüchliches Leben aus. Aber der Film geht nur kurz ohne Klaus weiter, denn am Ende gibt es noch einige Rückblenden, in denen Kinski zu sehen ist.

Mit George Hilton, Ray Saunders

Februar 2004, September 2015 und Juli 2020 bewertet

66. Venus in Furs

Aka: Paroxysmus; Paroxysmos; Paroxismus (..puo una morta rivivere per amore?); Black Angel; Le Malizie di venere

Regie: Jesus (Jess) Franco Manera

Jahr: 1969

Laufzeit: 86 Minuten

Der Filmemacher traf einmal den Jazztrompeter Chet Baker. Der berichtete ihm, dass er bei seinen Soli immer in eine andere Welt wegtreibt, an Dinge denkt, die eine Mischung aus Realität und Fiktion darstellen. Nach Ende des Stückes ist dieser kurze Traum vorbei und vor ihm sitzen immer noch die gleichen Leute. Diese Anekdote inspirierte Jesus Franco Manera zu einer cineastischen Fata Morgana. Begleitet von ausdrucksstarken Stilmitteln wie Slowmotion, Farbfilter- und Verzerrungseffekten betrachten wir die bizarren Lebensgeschehnisse des Hornplayers Jimmy, der nicht mehr zwischen Wahn und Wirklichkeit unterscheiden kann. Der Jazzmusiker findet am Strand die Leiche von Wanda. Schlagartig durchfluten ihn Fantasievorstellungen, in denen er dem Lustmord an ihr beiwohnt. Seine künstlerische Inspiration geht angesichts dieser Visionen langsam, aber sicher den Bach runter. Er flieht von Istanbul nach Rio. Dort kommt er vom Regen in die Traufe, trifft auf das Ebenbild der Toten, begehrt sie heiß, verfällt ihr lichterloh. Am Ende dieser obskuren Phantasmagorien zieht er seinen eigenen Leichnam aus dem Wasser.

Die Figuren kommen und verklingen wie Töne einer Oktave. Das abstrakte Werk gleicht keinem durchstrukturierten Popsong, sondern einer ausgeklügelten Jazzimprovisation, die mehrere musikalische Gedanken zusammenfasst. Verstärkt wird die tranceartige Wirkung des imaginären Psychotraumdramas durch die mitreißende Begleitmucke von Manfred Mann sowie der Tatsache, das Regisseur Franco höchstpersönlich in der Band die Posaune bläst und Klavier spielt.

Die Party ist in vollem Gange, da erscheint der Smoking tragende Multimillionär Ahmed Kortobawi alias Klaus Kinski. Im Namen der Liebe frönt der Lebemann dunklen Obsessionen, ritzt der armen, ausgepeitschten Wanda in die Haut und trinkt deren Blut. Als eine Filmstunde später die slawischnamige Todesgöttin erscheint, liegt der Ahnungslose auf seiner Liebescouch; umgeben von vier sklavischen Nackedeis. Das gespenstische Fräulein im Pelz verhext ihn dermaßen mit ihren Reizen, dass es mühelos gelingt, den Kinski an den Händen aufzuhängen wie ein Stück Räucherschinken. Schwitzend vor Angst kippt sein Köpfchen nach hinten, währenddessen die Spukfrau letzte innige Küsschen verschenkt. Die Kamera, immer feste druff, zeigt uns einen intensiv vor sich hin spielenden halb toten Kinski, dem der Sensenmann ins Hirn krabbelt.

Mit James Darren, Margaret Lee, Maria Rohm

Februar 2011, Juni 2019 und April 2021 bewertet

67. Sartana – Töten war sein täglich Brot

Aka: Sono Sartana, il vostro becchino; I am Sartana – your Angel of death; Le Fossoyeur; Je suis Sartana – I`ange de la mort; I`m Sartana – i`ll dig your grave; Sartana, the Gravedigger

Regie: Anthony Ascott (alias Giuliano Carmineo)

Jahr: 1969

Laufzeit: 94 Minuten

Die North Western Bank wird um 300.000 Dollar erleichtert. Boshaft hinterlassene Spuren deuten auf Sartana als Verursacher des Geldverlustes hin. Prompt werden viele verlockende Scheinchen für seine Ergreifung ausgelobt. Nun schwingen sich selbst die faulsten Kopfgeldeintreiber auf die Pferde und starten ihre gewinnorientierte Jagd auf Mister „S", der alle Hände voll zu tun hat, seine Unschuld zu beweisen.

Dieser fesselnde, erfrischende, schlitzohrige Western in bester „Whodunit"-Manier unterhält uns mit gaudihafter Wortakrobatik und trefflich gewähltem Score.

Ein spiel- und wettsüchtiger Pechvogel namens „Hot-Dead" alias Klaus Kinski nimmt furchtbar gelassen sein Verliererdasein hin, lacht, wenn er pleite ist, haut kecke Sprüche raus („ich tue niemandem weh, denn bei mir sind sie gleich alle tot") und stolziert in einem auffälligen, hellblauen Anzug durch die staubige Gegend. Seine nette Eigenschaft, immer alles zu verspielen, macht ihn in „Poker Falls" rasch zu einem gern gesehenen Gast (Dorfmotto: „Hier haben alle Dreck am Stecken, keiner hat Freunde"). Eines dämmerigen Tages hat Kinski genug davon, wie eine Weihnachtsgans ausgenommen zu werden. Er mutiert abrupt zum angstfreien Suchtonkel, hält mehrere knallwütige Typen in Schach, indem er ihnen rät: „Macht doch keine Dummheiten!", wirft dabei arrogant seine Knarre in den Sand und latscht gemächlich zu seinem Gaul. Seine Gegnerschaft und wir bleiben einigermaßen sprachlos zurück, mit welcher Abgebrühtheit der freche Knilch davon galoppiert. Mit derartigen Auftritten stellt Klaus ohne clownhafte Verrenkungen seine komödiantische Ader unter Beweis. Man traut es ihm nicht zu, aber es gibt so einige Filme, in denen er durch leichtfüßige, humoristische Körpersprache auffällt.

Mit John Garko, Ettore Mani, Sal Borgese, Frank Wolff und Gordon Mitchell

Februar 2001, Oktober 2013 und April 2020 bewertet

68. The Naughty Cheerleader

Aka: Mir hat es immer Spaß gemacht, Wie kommt ein so reizendes Mädchen wie Sie zu diesem Gewerbe?; How Did a Nice Girl Like You Get Into This Business?

Regie: Will Tremper

Jahr: 1970

Laufzeit: 85 Minuten

Lynn Keefe plaudert rückblickend über ihre Entwicklungsetappen vom einfältigen Mädchen zur professionellen „Geld gegen Liebe"-Dame. Am Wegesrand lernt sie die ganze Palette triebgesteuerter Kerle aller Altersklassen kennen. Ob Halbstarker, Hotelbesitzer, Friseur, Kellner, Cowboy, Arzt, Kapitän, Polizist, Musikproduzent oder Gigolo; alle wollen immer nur und ohne große Verpflichtungen ein sexuelles Abenteuer mit ihr erleben. Das aufgeweckte Fräulein macht aus dieser Notgeilheit eine gewinnbringende Tugend und bestreitet fortan ihr Auskommen mit einem „Lappen gegen Leidenschaft"-Transfer. Irgendwann trifft die Piepen-Puppe auf ihr männliches Gegenstück und beide gehen gemeinsam auf die profitable Pirsch.

Beim Auftakt hadert man ein wenig mit der arg naiven Landpomeranze, aber dank eines zwanghaft eingängigen Ohrwurms und einem unbeschwerten Hergang stellt sich das Schmunzeln recht bald ein und angenehm gechillt kann man diesen albern-überdrehten Schwank gewissenlos genießen.

Nach knapp 60 Minuten nimmt sich eine Person namens Juan Jose Ignatio Rodriguez de Calderon alias Sam alias Klaus Kinski dem holden Weibe an. Völlig ungewohnt versprüht Klaus so viel witzige Ausgelassenheit, dass einem schwindlig wird: Wenn ihn zum Beispiel sein „Pferdchen" mit Sachen beschmeißt, er im roten Morgenmantel beiseite hüpft, dabei ängstlich-ironisch zetert, ist das pure Situationskomik. Als Kalauer-Kinski in einer Kutsche hockend, für sein Engelchen übertrieben lautstark den Stadtführer mimt, könnte man sich „wegschmeißen". Es gibt von unserer Kichererbse noch einen kleinen Reigen weiterer überraschender Albernheiten voller Esprit, die man vom Kinski, Klaus so ganz sicher nicht erwartet hätte (siehe dazu Rezensionsnummern 56, 67, 97 und 114).

Mit Barbara Benton, Lionel Stander, Bruce Low, Clyde Ventura, Hampton Fancher

März 2016, Juli 2019 und April 2021 bewertet

69. Satan der Rache

Aka: And god said to cain; Fury at sundown; E dio disse a caino; Et le vent apporta la violence; Un homme, un cheval, un fusil; Y dios dijo a cain

Regie: Antonio Margheriti (Pseudonym: Anthony Dawson)

Jahr: 1969

Laufzeit: 96 Minuten

Gary Hamilton ist ein zu unrecht verurteilter Sträfling und muss knochenharte Arbeit in einem Steinbruch verrichten. In Anbetracht seiner ehemaligen militärischen Verdienste wird er nach zehn Jahren amnestiert. Rückwärtsblickend hatte er mal alles Glück der Welt: eine schicke Gattin, Geld wie Heu, verlässliche Gefährten, ein stolzes Anwesen. Sein Kumpel Acombar hingegen saß ein Leben lang in der Scheiße. Durch einen blutigen Geldtransporterüberfall wollte er seinem Daseinstief ein Ende bereiten. Mit schurkischer Überzeugung hatte das Betrügerschwein einfach Kamerad Gary den Raub in die Schuhe geschoben, ihm seine Frau ausgespannt, sich tonangebend und finanzkräftig gemästet. Doch Vergeltung kennt kein Erbarmen – Rache heißt nicht, um Verzeihung bitten zu müssen. Mit diesen Weisheiten im Gepäck, einem Pferd und dem Schießgewehr macht sich Ex-Knacki Hamilton auf den Weg. Er nutzt die windigen Vorzeichen eines heranpreschenden Sturms, um sich Genugtuung zu verschaffen. Die Eskalationsleiter wird erklommen und sein blutiges Blei pumpt sich in die reuelosen, sündigen Körper hinein. In diesem Fegefeuer der Unmoral brennt drinnen wie draußen die Luft. Konflikte brechen auf, aus denen mieser Vergangenheitsrauch entweicht. Die einst befreundeten Kontrahenten stehen sich kämpfend gegenüber, bis beim Engel der Vernichtung ein innerer Friede hergestellt ist und er in eine ungewisse Zukunft davon reiten kann.

Dieser phänomenale Film gehört in die Championsleague der „Western all`Italiana", denn die Spannungsschrauben werden unerbittlich festgedreht, die Atmosphäre analog den tobenden Winden immer mehr verdichtet und vergruselt. Die Kamera ist bei diesem stürmischen Fest der Sinne mal oben, mal unten und immer gut platziert.

Der gute alte Cowboy Klaus Kinski verkörpert den sich austobenden „Angelo della Vendetta" namens Gary Hamilton. Mit eiserner Disziplin und abgeklärter, maskuliner Überzeugung gibt er hier den Andreas Baader des Italowestern ab. Der maskuline Klaus dominiert wie eine angriffslustige, hinterhältige Klapperschlange den Schauplatz. Der „Operatore di camera" ist immer nahe dran am Rächer, krabbelt dreist wie ein Käfer an seinem Gesicht entlang. Infolgedessen wird der unterschwellige, melancholische Glanz in seinen blauen Augen perfekt eingefangen. Eine in Stein gemeißelte Vorstellung von Kinski kann hier betrachtet werden.

Mit Peter Carsten, Marcella Michelangeli, Lee Burton

Mai 2010, Juli 2018 und Februar 2021 bewertet

70. Nachts, wenn Dracula erwacht

Aka: El conde Dracula; Il conte Dracula; Count Dracula; Bram Stocker`s Count Dracula; Les nuits de Dracula; Dracula 71 ; The nights of Dracula

Regie: Jesus Franco Manera (Pseudonym: Jess Franco)

Jahr: 1970

Laufzeit: 93 Minuten

Für den rastlosen Grafen Dracula sind mittlerweile alle magyarischen Schlachten geschlagen und es ist daher an der Zeit, sich woanders ein neues Anwesen zu suchen. Ein Mitarbeiter des beauftragten Anwaltsbüros in London namens Jonathan Harker macht sich mit einem respektablen Quartiersvorschlag auf den Weg zum Adligen. Der unbescholtene Rechtsberater ahnt nicht, dass am bevorstehenden Sankt Georgs Tag um Mitternacht das blutdürstige Böse seine Sinne und Kapillargefäße durchpeitschen wird. Der gedächtnislose, ermattete Harker erwacht irgendwann in einer Budapester Privatklinik, die sich auf die Krankheit des Geistes spezialisiert hat. Seine freudlosen Tagträume drehen sich wiederholt um Fledermäuse, Wölfe, Vampire, sodass er hier gut aufgehoben scheint. Seine Verlobte, deren Freundin nebst besserer Hälfte eilen herbei und werden Zeitchen später zu Gejagten des allgegenwärtigen Grafen, der sich in unmittelbarer Nähe eingenistet hat. Bekommen es unsere tapferen Großstädter hin, dem Prinzen der Finsternis nicht zu verfallen und ihm eine adäquate Strafe aufzuerlegen?

Dramatisch-horrible Orchestermusik, ebensolche Soundeffekte, eine unaufgeregte, aber wirkungsvoll agierende Kameraführung sowie antike Kulissen erzeugen wohlige Schauer. Zoom-Fetischist Jess Franco hat gemeinsam mit Dracula-Veteran Lee einen nostalgischen Gruselfilm der alten Schule auf die Leinwand gebannt.

Klaus betritt zur Abwechslung mal nicht die Bühne als Nosferatu. Sein darstellender Charakter ist Renfield in der Klapse, der von gepolsterten Wänden, Plumpsklo und Gittern am Fenster umrahmt ist. Wir warten nun gespannt darauf, dass Kinski den eingesperrten Fliegenfresser mit exzentrischen Wutausbrüchen, exzessiven Gestiken und erbarmungslosen Tobereien inszeniert. Was macht der Hochbegabte stattdessen? Er knallt uns eine verhaltene, nuancierte Performance vor den Latz. Ohne Text drückt er in expressionistischer Art die Emotionen des geistig Erkrankten aus, dessen einzige Tochter vom Grafen Dracula ausgesaugt wurde. Insasse Klaus ist auf kindliche Art bekümmert; gleichsam der Welt seltsam entrückt. Seine wenigen hilflosen Schreie erklingen nur aus dem Off. Der Seelenpatient benimmt sich dermaßen abwesend, als ob er in einer deutschen Talkshow sitzen würde und kreiert sich sein eigenes sensitives Universum. Kinski, der vermeintliche „Irre von Dienst", beweist uns mit seiner wundersamen Verkörperung des innerlich zerbrochenen Renfield seine schauspielerische Genialität. Die Großaufnahmen des grauhaarig-langmähnigen, in eine Zwangsjacke gesteckten Akteurs verstärken den KLAUStrophobischen Eindruck.

Mit Herbert Lohm, Christopher Lee, Maria Rohm, Soledad Miranda

September 2010, September 2018 und März 2021 bewertet

71. La Peau de Torpedo

Aka: Dossier 212: Unternehmen Tod; Der Mann mit der Torpedohaut; Dossier 212: destinazione morte; Pill of death; Children of Mata Hari; The Deathmakers

Regie: Jean Delannoy

Jahr: 1970

Laufzeit: 107 Minuten

Antiquitätenhändler Nicolas ist für Außenstehende geschäftlich viel auf Reisen, führt in Wahrheit ein Doppelleben und ist als Spion in geheimen Missionen unterwegs. Seine vernachlässigte Ehefrau wittert irgendwann empört eine Affäre. Bei ihren Nachstellungen erwischt sie ihn tatsächlich und in flagranti mit seiner „Kollegin". Die Gehörnte ballert die vermeintlichen Turteltäubchen über den Haufen. Mit dieser Kurzschlusshandlung sorgt sie für komplette Verwirrung bei der weiblichen Führungskraft einer undurchsichtigen, namenlosen Organisation. In deren Auftrag hatte der Ehegatte mit den zwei Gesichtern ein wichtiges Industriedokument klandestin abgeknipst und die Mikrofilme versteckt. Die frisch gebackene Witwe flüchtet und taucht unter. An ihre Fersen heften sich sowohl die Kundschafter-Equipe als auch die klug ermittelnde Polizei.

Wir betrachten einen unterkühlten, nüchtern daher kommenden Agententhriller mit einer dezent ansteigenden Spannungskurve. Es findet sich weit und breit, keine annehmbare Identifikationsfigur. In diesem Kühlfachfilm kommt das Beste zum Schluss: Kinski. Er ist zwar aus beruflich bedingten Gründen in mörderischer Auftragsabsicht unterwegs, aber wahrhaftig der Einzige mit halbwegs sympathischer Ausstrahlung.

„Ich möchte wetten, dass sie auf mich warten!": Mit diesem Satz betritt ein gut gelaunter Killer-Kinski nach geruhsamen 82 Minuten die konspirative Arena. Sein Name ist Pavel Richko alias Torpedo I und er flirtet mit der reifen Chefin, was das Zeug hält. Die Dame gibt sich betont zugeknöpft. Später klingelt der Schelm trotzig bei ihr und antwortet auf die Frage wer denn da sei: „James Bond". Sie bittet ihren Angestellten herein und der wickelt voller Stolz einen neuen kunterbunten Morgenmantel aus, der leider auch nicht die erhoffte Wirkung auf das Frauenzimmer hat, sodass er ihn penibel wieder zusammenfaltet. Pflichtgemäß muss er sich stattdessen in einen Taucheranzug rein quetschen und mit handlicher Miniharpune die sich auf einem Schiff versteckende, gesuchte Mörderfrau jagen und „erlegen". Bei dieser Aktion harpuniert er versehentlich ihren dauergrinsenden Schiffskumpel, stürzt dabei in einen tiefen Schacht und bricht sich das Kreuz. Minutenlang zeigen unerbittliche Großaufnahmen einen bei den Flics um Erlösung bettelnden, vor sich hin sterbenden Klaus Kinski. Er ist zwar nur eine geringfügige Zutat in diesem sauertöpfischen Spionagestreifen, aber sein nonchalantes Spiel tut diesem unnahbaren Film gut.

Mit Stephane Audran, Lilli Palmer, Frédéric de Pasquale

September 2009, März 2018 und Februar 2021 bewertet

72. The Night of the Assassin

Aka: Spezialkommando Wildgänse; Appuntamento col disonore; Sastanak sa necasnim; Rendez-vouz avec le deshonneur; La nuit des assassins; Die nackte Wahrheit; Cita con el deshonor; Braendpunkt Cypern; L`Honneur des Armes

Regie: Adriano Bolzoni (Pseudonym: William Mc Cahon)

Jahr: 1970

Laufzeit: 94 Minuten

Die britischen Besatzer auf Zypern erwarten Mitte der 50er-Jahre den Besuch eines hochrangigen UN-Gesandten, währenddessen die griechisch-zypriotische Widerstandsorganisation EOKA mit Attentaten und angezettelten Unruhen ein unabhängiges Zypern erzwingen will. Colonel Mallory muss daher umgehend einen Waffenstillstand mit dem Anführer aushandeln. Ein fanatischer Priester, aufkeimende Liebe verbunden mit allerlei anderen Verwicklungen, kommen ihm dabei in die Quere und erschweren in letzter Minute seine wohldurchdachten Verhandlungsstrategien.

Das Thema ist, gemessen an den üblichen Italosujets, ungewöhnlich ernsthaft und politisch. Das professionelle Resultat kann sich sehen lassen und ist glaubwürdig inszeniert. Die Zuschauergunst ist gerecht verteilt, weil die vermeintlich geknechteten Einheimischen ziemlich rabiat gegen die zivilisierten englischen Unterdrücker vorgehen.

Klaus Kinski nennt sich offiziös „The Renegade Priest 2nd in Command EOKA"; kurzum spricht man ihn mit Partisanenpriester Evagoras an. Er zeigt sich in tiefdunkler, langer orthodoxer Kirchentracht ferner mit konservativem Popenhut. Damit jeder Halbblinde seine Frömmigkeit sehen kann, trägt unsere Heiligkeit zusätzlich ein Riesenkreuz um den Hals und seine Pranke umklammert einen mächtigen Kruzifixstab. Schwarzrock-Terrorist Kinski hat ein nationalistisches Brett vorm Kopf und ist heillos besessen. Schon beim Anblick von geklauten Waffen will er sofort losschlagen. Der Unduldsame stellt sich für „ganz spezielle Missionen" im Verborgenen hektisch seine eigene Söldnerarmee zusammen. Die Engländer konstatieren dem Gotteskrieger lapidar: psychotischer Sadist mit Machtgelüsten. Ein aufwühlender Anblick ist Kinskis Behandlung eines britischen Gefangenen: Voll Inbrunst peitscht er den Häftling, droht kaltblütig mit dem Kastratenmesser, fordert ohne angebotenen Ausweg: „For the last Time: S I G N!". Der Prügelpater erscheint in Abständen wie ein düsterer Flüsterschatten auf der Bildfläche; stiftet Unfrieden und Tod. Klaus ist in einer tragenden Nebenrolle zu erblicken. Trotz seines strenggläubigen Kleidungsstils wirkt Klaus in keiner Einstellung albern oder obskur und die englische Synchronisation gibt die stimmlichen Nuancen treffend wieder.

Mit George Sanders, Margaret Lee, Adolfo Celi, Michael Graig, Eva Renzi

November 2000, März 2013 und April 2020 bewertet

73. Churchill`s Leoparden

Aka: Geheimcode Leopard; I leopardi di churchill; Los leopardos de churchill; Les leopards de churchill; Commando attack; Churchill`s Leopard; Churchill`s Killers; The dirty dam busters

Regie: Maurizio Pradeaux

Jahr: 1970

Laufzeit: 84 Minuten

Deutsche Faschisten verleben den Frühling 1944 im besetzten Frankreich. Winston Churchill höchstpersönlich entwickelte die „Operation Overmatch": Sprengung eines Staudamms, damit kriegswichtige Nachschubwege der Nazis vernichtet werden. Englische Fallschirmjäger pirschen sich wie Leoparden ins Land und führen gemeinsam mit französischen Widerstandskämpfern den Plan aus. Argwöhnisch kontrollierende „Fritzen" kreuzen ihren Weg und gefährden das „trojanische Pferd" namens Benson, der die Rolle seines abgemurksten Zwillingsbruders (SS-Scherge Müller) eingenommen hat.

Das ungekünstelte, mitreißende italienische Militärabenteuer wird von heroischen Klängen vorangetrieben. Die stetig dramatischer werdende Kriegsfilmfabel saugt einen förmlich auf. Man erwischt sich doch tatsächlich dabei, dass man mit seinen Fingerchen eine Knarre formt und selber mit ballert.

Der sonst so resolute Hauptsturmführer Kinski alias Franz Holtz wimmert, dass ihn niemand mehr auf ein Motorrad kriegt: „Ich bin ein einziger blauer Fleck!". Mit Fernglas um den rassischen Hals und Rauchware im Maul, pfeift Besatzer-Klaus eine Johann Strauß Melodie, schwärmt von Wien, schlürft Champagnerwein und streicht sich eitel durchs Haar. Vorsicht ist trotzdem geboten, denn er ist latent skeptisch, lauert mit seinem 6. Sinn wie ein Habicht auf die kleinste verräterische Zuckung. Wenn er nicht gerade auf Inspektionsreisen ist, thront Franz Kinski majestätisch hinter seinem laaangen Schreibtisch, umrahmt von zwei riiiesigen Hakenkreuzfahnen und kleinerem Führerporträt. Dem Bürostuhl entstiegen, verteidigt er am Ende mit einer Menge Munition und voller Ingrimm den gewichtigen Staudamm. Seine Rolle bietet der germanische Klaus überheblich, gnadenlos, zynisch und kalt wie eine Hundeschnauze dar.

Mit Richard Harrison, Pilar Velazquez, Giacomo Rossi Stuart, Frank Brana

April 2001, Januar 2014 und April 2020 bewertet

74. La Belva

Aka: The Beast; Die Bestie, Rough Justice; Le gout de la vengeance; Salalitto

Regie: Mario Costa

Jahr: 1970

Laufzeit: 83 Minuten

Ein nimmersatter Schürzenjäger lässt sich auf einen Raubzug ein, der mächtig in die Hose geht, weil die Kohle eines reichen Investors trotz Wahrscheinlichkeitsberechnung eben nicht in der Kutsche mitfährt. Man greift zu einer List, entführt dessen Tochter und fordert Lösegeld. Doch dummerweise stirbt die Geisel vorfristig und vorsätzlich. Neben den unvermeidlichen Gesetzeshütern wollen desgleichen geldliebende Ganoven der stümperhaften Diebesbande an den Kragen.

Ein melodiöser Rahmen umgibt diese wirklich düstere, straff vorgetragene Erzählung. Das Besondere hierbei ist ein kolossal triebgesteuerter Hauptcharakter, der sich wie ein wilder Hengst an wirklich jeden Rock ranmacht; Verweigerung gerne mal mit dem Tod bestraft. Nun darf geraten werden, wen man für diese spezielle Persönlichkeit angeheuert hat?

Natürlich heißt der angeworbene Schauspieler Klaus Kinski! Sein fickeriger busengrapschender Rollenname lautet Johnny Lasther. Mit Gandalf-Pfeife im Sabbermäulchen, dazu einer gehörigen Portion „Ich brauche Liebe und bin so wild nach Deinem Erdbeermund“-Attitüde im Marschgepäck ist Sexcowboy Klaus schwanzgesteuert, ungezügelt, brutal, betrügerisch, verzweifelt; hat beständig Hunger auf Muschis. Es gibt superb aufdringliche Nahaufnahmen und schräges Gebaren in dieser One-Man-Show von Kinski, dem Lüstling, der bis zum Schluss nicht das kriegt, was er so leidenschaftlich begehrt. Mittenmang erwischt man sich dabei, dass man den hübschen Italomädchen von der Fernsehcouch aus zuruft: „Lasst den armen Kerl endlich mal ran.“.

Mit Steven Tedd, Lee Burton, Gabriella Giorgelli

Februar 2007, April 2016 und November 2020 bewertet

75. Für einen Sarg voller Dollars

Aka: Adios Companeros; Per una bara piena di dollari; Showdown for a bad man; A barrel full of dollars;Nevada Kid; Pour une biere pemplie de dollars; Por un ataud ileno de dolares; A coffin full of dollars

Regie: Demofilo Fidani (Pseudonym: Miles Deem)

Jahr: 1970

Laufzeit: 82 Minuten

Ein Patron verdingt sich mit einer Handvoll verkommener Teufelskerle sein täglich Brot durch Überfälle, Erpressungen und anderen gesetzeswidrigen Einkünften. Zwei Brüder des Anführers werden bei der „Arbeit" plötzlich abgeknallt. Die Vergeltungsmaßnahme folgt auf dem Fuße, wird dem verantwortlichen Wohnkomplex brennend heiß unter die hölzernen Dielen geschoben. Nun sinnt auf der anderen Seite wiederum George, der Bürgerkriegssoldat und heimgekehrter Mitbewohner des abgebrannten Hauses, auf Rache. Gemeinsam mit einem beruflich in der Nähe wirkenden Kopfgeldjäger und seiner Taschenspieluhr mit Todesmelodie macht sich der Ex-Soldat auf den bleihaltigen Weg. Beide tun Gutes gegen die Bösen, hinterlassen währenddessen einen Berg voller Leichen.

Der Knauser von Regisseur sparte Drehzeit und Geld ein, in dem er sich auf ausgedehnte Reitszenen sowie blutleeren Einschüssen konzentrierte; sogar ein trällerndes Liedchen findet zeitschindenden Unterschlupf. Trotz allem entwickelt sich eigenwilliger Charme. Damit einhergehende ideenreiche Kamerapositionen, angenehme Filmmusik und eine stimmige Synchronisation führen dazu, dass man dieses Spaghettigericht mit Appetit verputzt.

Klaus Kinski ist ein Zigarren zischender und Zaster zählender Zampano namens Slander. Mit schwungvoll semmelblonder Mähne residiert der vornehme Herr auf seiner Ranch im Haus Nummer 2. Nach zwei Minuten liegen ihm unerwartet seine zwei Brüder tot zu Füßen. Dafür schießt er unfähige Leibwächter, ohne mit der Wimper zu zucken, aus dem höllischen Team und befiehlt lodernde Rache. Ex-Sklave und „Hausneger" Sam bringt es mit großen Kulleraugen bezüglich Amigo Slander auf den stimmigen Punkt: „Er ist der Herr aller Desperados entlang der Grenze. Sie fürchten ihn alle, denn er besitzt eine große Gewalt über jeden von ihnen. Er ist ein Satan, der jeden verhext, der ihn ansieht.". Nebenbei bemerkt trifft der letzte Satz auch auf Kult-Kinski zu. Veritable Großaufnahmen unterstreichen die wirkungsvolle Führungsrolle von Klaus. Am Ende krabbelt der Entmachtete mit den Moneten allerdings ohne Sinn und Verstand aufs Kirchendach, ballert mit dem Colt herum. Erwartbar plumpst der Doofkopp krakeelend und von Kugeln durchsiebt auf Mutter Erde zurück.

Mit Hunt Powers, Gordon Mitchell, Ray Saunders, Jeff Cameron

Juli 2003, Februar 2015 und Juni 2020 bewertet

76. Ich will Deinen Kopf

Aka: Giu la Testa... Hombre; Heute geht`s um deinen Kopf; Fünf Pistolen der Grausamkeit; A fistful of death; Balada para Django; Doppia taglia per Minnesota stinky; Western Story; Callaghan se dechaine; Tirer pour vivre;

Regie: Demofilo Fidani (Pseudonym: Miles Deem)

Jahr: 1970

Laufzeit: 84 Minuten

Ein gezinktes Pokerspiel zerstreitet die beiden Bankräuber Ironhead und Butch Cassidy. Fortan wird auf gegenseitige Revanche gesinnt. Mit von der Partie ist Lieutenant Macho Callaghan von der Pinkerton-Detektei. Geschickt spielt er die Lieblingsfeinde gegeneinander aus und befriedet auf seine Art die eitlen Kampfhähne.

Es wird verdroschen, beschissen und gestorben, dass die Heide nur so wackelt. Dank drolliger Augenblicke (man betrachte Ben und seine Stoffpuppe...) und der kindlichen Spielfreude aller Protagonisten ist der Film durchweg komisch. Die eimerweise Brachialsätze ausspeiende deutsche Synchronisation rundet diesen reichlich absurden Western fröhlich ab.

Klaus Kinski frömmelt als Reverend Cotten durch die Gegend. Mit langer Mähne im Krautrock-Look huldigt Dorfpfarrer Klaus nach der sonntäglichen Andacht dem Hufeisenwerfen. Der göttliche Glücksspieler gewinnt Pferdesattel nebst einem Fass Whisky und gerät deswegen völlig aus dem Kirchenhäuschen. Selbstredend muss Jesus Kinski die Liebe in die Herzen seiner Gemeinde voller Mörder und Halunken prügeln. Eine Schlägerei schlichtet Gottes liebster Krieger, indem er kurz zum Himmel schaut, mit seinem „Chef" spricht und die beiden unter der Losung „Ihr müsst einander lieben und das nicht nur am Sonntag!", herzhaft vertrimmt. Seine drei skurrilen Gastszenen passen formidabel in hinein in diesen durchgeknallten Spaß.

Mit Hunt Powers, Gordon (der Grimmige) Mitchell, Jeff Cameron

November 2000, Januar 2013 und April 2020 bewertet

77. On m`appelle king

Aka: His name was king; Le Llamaban king; The man called king; Lo chiamavano king

Regie: Giancarlo Romitelli (Pseudonym: Don Reynolds)

Jahr: 1970

Laufzeit: 73 Minuten

Was macht der Respekt einflößende Kopfgeldsammler John-KING-Marley, wenn der Bruder totgeschlagen und die Schwägerin in der Hochzeitsnacht geschändet wurde? Er betritt selbstverständlich den erlösenden Pfad der Selbstjustiz. Nebenher deckt er noch für die US-Soldaten einen illegalen Waffenhandel auf, knüpft sich die drei bärtigen bösen Benson-Banausen vor, denn ein Blick in diese niederträchtigen Grimassen genügt und der „königliche Rächer“ weiß genau, wer für die familiären Gräueltaten verantwortlich zeichnet. Dem heimlichen Anführer geht es im Finale an den Kragen und eine nach Blut dürstende Kugel vollstreckt das private Urteil.

Luis Bacalov füllt unsere Lauscher mit orchestral-eingängigen Mexikomelodien und dem Gospelrocksong „His Name was King“ (diesen „Ohrwurm“ verwendete der Regisseur Quentin Tarantino für „Django Unchained“). Der italienischsprachige Film (wahlweise mit französischem Ton/Untertiteln) erzählt seine Geschichte ohne unnötige Längen in durchaus effektiven 73 Minuten. Dieses deftig gewürzte Fast Food-Westerngericht wurde schmackhaft zubereitet und ist lecker gewesen.

Klaus Kinski ist Sheriff Bryan Foster im Maßanzug, der seine Uhrensammlung präzise pflegt und nach ganz eigenen gesetzlichen Richtlinien tickt. Staatsdiener Klaus ist in gleichmäßigen Abständen unaufgeregt präsent und gerät nur einmal außer Rand und Band, weil sein notgeiler Deputy-Depp sich anschickte, die frisch geschändete Zeugin zu vergewaltigen. Seine kleine, aber fein gestaltete Nebenrolle wartet mit dem „Auweia-Effekt“ auf, dass Gesetzeshüter Klaus der schurkische Strippenzieher ist.

Mit Richard Harrison, Rick Boyd, Anne Puskin

Oktober 2007, Oktober 2016 und Dezember 2020 bewertet

78. Cold Blooded Beast

Aka: Das Schloss der blauen Vögel; La bestia uccide a sangue freddo; Slaughter Hotel; Der Triebmörder; Asylum erotica; Les insatisfaites poupees erotiques du Dr. Hitchcock; La clinique des tenebres; Les poupees sanglantes du Dr. X

Regie: Fernando di Leo

Jahr: 1970

Laufzeit: 96 Minuten

Gut situierte Männer geben ihre nymphomanisch, depressiv oder gewalttätig veranlagten Frauenzimmer einige Zeit lang in die Obhut eines Heilsanatoriums und die Damen können ganz ohne eheliche Verpflichtungen ihre neurotischen Macken auskurieren. In dieser Kurklinik geht es entkrampft und persönlich zu. Ein Klubraum lädt Insassinnen und Belegschaft zum Verweilen, Wein trinken, Plaudern und Spielen ein. Zuweilen entspinnt sich eine dezente, heiße Affäre und alles wäre im gediegenen Maße in Ordnung, wenn nicht ein Historienwaffen schwingender Triebmörder sein Unwesen treiben würde.

Der psychodelische, fast unwirklich anmutende Film gibt sich ehrlicherweise gar nicht erst die Mühe, uns einen seriösen oder gar packenden Inhalt vorzugaukeln. Die voyeuristische Kamera gleitet lüstern über die sehenswerten Landschaften hübscher Frauen entlang, verweilt ungeniert bei der einen oder anderen „Aussicht“. Die musikalische Zusammenstellung wechselt wie die Launen der holden Weiblichkeiten: von unmelodischen Klängen zu eingängigen Flötentönen, von verträumter, leichtfüßiger Wohlfühlorchestrierung hin zu schrägen Elektroklängen. Gleichwohl geht von diesem blutig-versauten Filmtrip etwas sonderbar Fesselndes aus. Inmitten all der bizarren Persönlichkeiten entdecken wir den einzig normalen Menschen: Klaus Kinski.

In Gestalt von Doktor Francis Clay trägt unter er dem blütenweißen Arztkittel einen schnieken Anzug. Mit Glimmstängel zwischen den Lippen mischt er sich sachte unter das sexuell gestörte Sanatoriumsvolk. Doktor Fummel führt Fachgespräche mit Kollegen oder amüsiert sich bei einem Brettspiel. Mit verzärtelter Bande knüpft er zu einer Patientin (Margaret Lee) ein stilles Liebesverhältnis; wie nebenbei und doch sehr vertraut sie in einer Szene durch die Haare ihres Klausi streicht, zeigt irgendwie die Verbundenheit der beiden Darsteller. Medikus Kinski tritt scheibchenweise in Erscheinung und serviert uns eine milde, neurosenfreie Vorstellung.

Mit Rosalba Neri, John Karlsen, Jane Garret

November 2000, Oktober 2012 und Februar 2020 bewertet

79. Der Mörder des Klans

Aka: Prega il morto e amazza il vivo; Shoot the living, pray for the dead; To kill a jackal; Priez les morts, tuez les vivants!; Pray to kill and return alive

Regie: Giuseppe Vari

Jahr: 1970

Laufzeit: 90 Minuten

Eine Bande von ungehobelten Goldräubern legt auf dem Fluchtweg nach Mexiko einen Zwischenstopp an der Post- und Telegrafenstation „Jackal`s Ranch" ein. Eine Gruppe wohlerzogener Adeliger stößt dazu und schwuppdiwupp steigen kleine zwischenmenschliche Kämpfe der Kulturen empor wie glutflüssige Gesteinsschmelze aus dem Erdinneren. Der Weg der Langfinger geht hernach weiter und führt durch den risikoreichen Schakal-Pass, der so seine sandig sonnenglutigen Tücken aufweist. Verfolgt von Texas Rangern, umgeben von einem Fremdenführer, der unerkannt seinen toten Papi rächen will, den einst Ku-Klux-Klan-Kapuzenträger abgeschlachtet hatten, steuert der Verbrecherhaufen auf ein betrüblich-betrügerisches Ende zu.

In den Reichen der Tiefe des Italienwestern ist ein Diamant entstanden und wurde an das Licht der Filmwelt transportiert. Variantenreiche Handkameraperspektiven sowie eine exquisite musikalische Untermalung begleiten diesen außerordentlichen Western mit Thrillerelementen, schaffen eine extravagante Aura, denn es geht nicht um spannungs- und effektreiche Ballereien, sondern um menschliches Verhalten in Ausnahmesituationen.

Bereits nach 15 Minuten macht Revolverheld Kinski klar, wem die Bühne gehört. Als Bandenführer Dan Hogan betritt Klaus machohaft die Kampfarena mit schulterlangen Haaren, hellbrauner Wildlederkluft, rot-kariertem Hemd und Kordelpeitsche in der Hand. Das Mistkerlchen verachtet alle, behandelt sie wie Marionetten; selbst die unschuldige Waschschüssel kriegt einen furchtbaren Tritt, weil sie es wagt, im Wege zu stehen. Der Jähzornige ist ein ständiger übernervöser Unruheherd, gleicht einer gereizten Wespe im Sturzflug. Kinskis Schauspielkunst veredelt seinen dargestellten Charakter. Die intensive Performance findet ihren genialen Abschluss, wenn der Zelluloidmagier mit verzerrten Gesichtszügen das falsche Gold entdeckt, durchdreht, kreischt, herum knallt und selber erschossen wird. Ein Glücksfall von Film und Kinski in der Hauptrolle: Halleluja und zum Donnerwetter!

Mit Victoria Zinny, Paul Sullivan, Dino Strano

Juni 2002, November 2014 und Juni 2020 bewertet

80. Drei Amen für den Satan

Aka: La vendetta e un piatto che si serve freddo; Vengeance Trail; La vengeance est un plat qui se mange froid; La venganza espero diez anos; Vengeance is a plate eaten cold; Three amen for Satan; Death`s dealer

Regie: Pasquale Squitieri (Pseudonym: William Redford)

Jahr: 1971

Laufzeit: 91 Minuten

Menschenschinder Perkins aus Arizona braucht jede Menge Weideland und Wasser, weil sonst sein Vieh krepiert. Aus seiner Raffke-Sicht hat die Regierung zu viele ertragreiche Flächen mit dem kostbaren Nass an primitive Hungerleider verkauft. Mit seinem Vollstrecker Boone („sieht aus wie ein ausgekotztes Stinktier") luchst er den Bauernfamilien gewaltsam ihre Anwesen ab; schiebt es unverfroren irgendwelchen Indianern in die Schuhe. Ein überlebender Farmersjunge schwört, dass seine Rache eiskalt auf einem Teller serviert wird, murkst vor lauter Blindwütigkeit erst ein paar Unschuldige, dann aber noch rechtzeitig die Oberschurken ab.

Vor unseren Augen entfaltet sich ein rundum gelungener Westernfilm. Die respektlose deutsche Synchronfassung lässt es dabei so richtig krachen: „Dich schlitze ich von oben bis unten auf, Du rothäutige Sau!", oder „Du machst ein Gesicht, als ob das Pferd auf Dir reiten würde!". Hinzukommen ein kauziger Präriedoktor, eine abgeklärte Filmmusik von Piero Umiliani, eine geschmeidige Kameraführung und ein stramm-skizziertes Geschehen.

Klaus Kinski schimpft sich Virgil Prescott, ist seit zehn Jahren Chefredakteur der Ortszeitung „The Tucson Daily Star" und gleichzeitig schmieriger Zuarbeiter vom obersten Dorfekel. Seine abschätzige, niederträchtige Fratze ist absurderweise mit einer friedfertigen Nickelbrille ausgestattet. Sein Gönner überlässt ihm eines erotischen Tages eine wilde Indianerpuppe und der geile Klaus freut sich auf das Satansweib. Die versklavte, aber emanzipierte Rothaut lässt ihn nicht ran und kratzt ihn wie ein gestresstes Samtpfötchen. Der halb nackte Bumsbarde Kinski tobt deswegen mit brennender Fackel bewaffnet übers Gehöft und kreischt derbste Flüche gen Himmel. Am Ende wird das über dem Bauernelend schwebende, sich der Macht geradezu anbiedernde Zeilenungeheuer gezwungen, die wahre Geschichte zu drucken. Maulend, unwillig und luschig bedient Lügenpressenchef Kinski die Druckerwalze. Dafür wird er vom aufgebrachten Mob in die Ecke gedrängt und wehrt sich wie ein echtes Raubtier. Klaus Kinski bringt diese und weitere Szenen wirkungsvoll zur Entfaltung.

Mit Leonard Mann, Ivan Rassimov, Elisabeth Eversfield

Januar 2007, März 2016 und November 2020 bewertet

81. Dracula im Schloss des Schreckens

Aka: Nella stretta morsa del ragno; Edgar Poe chez les morts vivants; Les Fantomes de hurlevant; Les griffes rouges de hurlevant; Web of the Spider; In the grip of the spider; La horrible noche del baile de los muertos; E venne l`alba ... ma tinta di rosso; Prisonnier de L`araignee

Regie: Antonio Margheriti (Pseudonym: Anthony Dawson)

Jahr: 1971

Laufzeit: 89 Minuten (sowie weitere 25 Minuten aus der längeren italienischen Ursprungsfassung)

Während Edgar Allan Poe in seinem Stammlokal „Four Devils Pub" die „Erzählung des Absurden" zum Besten gibt, schneit unerwartet ein amerikanischer Journalist herein, um ihn zu interviewen. Der mitanwesende Lord Thomas Blackwood quatscht sogleich aufdringlich von Dracula verehrenden Gespenstern, die auf seinem Schloss ihr Unwesen treiben würden. Er wettet siegessicher, dass der aufgeklärte Mann aus Übersee keine Nacht dort übersteht. Das Abenteuer annehmend, durchlebt der Schreiberling metaphysische Reflexionen von Dramen flüchtiger Geistererscheinungen in der Stunde ihres Todes im Jahre 1833 und verfängt sich immer mehr im Spuknetz des Grauens. Mittendrin wabern die ermordeten Schlossbewohner umher und dabei gieren ihre erhitzten Sinne nach frischem Blut, um die gespenstische Wirklichkeit fortdauern zu lassen.

Filmmusik, Ausstattung, Darsteller und Kameraführung harmonieren prächtig. Es entfaltet sich ein düsterer „Danza Macabra" im Gothic-Style, der eine schauerliche, ausweglose Stimmung erschafft.

Klaus Kinski wird ohne Umschweife als Vorspannuntermalung eingesetzt, irrlichtert wie von Sinnen in einer Gruft umher, während die Einblendung der Filmbeteiligten durchs Bild läuft. Schauerliterat Edgar Allan Kinski weiß selber nicht, ob seine Geschichten wahr- oder wahnhaft sind. Etwas später zieht Klaus Poe die Zuhörer in der Kneipe mit kräftigen Gebärden in seinen Bann. Diese intensiven Kinski-Minuten zu Beginn der Spukhauserzählung sind der perfekte Einstieg in diesen italienischen Horrorfilm. Nach dem schrecklichen Erleben reitet Gespensteronkel Klaus in einer Kutsche sitzend durchs finale Bild und vorbei zieht ein verschreckter, verängstigter Edgar Allan Poe.

Mit Anthony Franciosa, Peter Carsten, Karin Field, Michele Mercier

März 2007, Mai 2016 und Dezember 2020 bewertet

82. Tausend Dollar Kopfgeld

Aka: La mano nascata di dio; Il venditore di morte; La vengeance de dieu; Le prix de la mort; The price of death; The cost of death; Death`s dealer; The last gunfighter; El precio de la muerte; Sarg der blutigen Stiefel

Regie: Lorenzo Gicca Palli

Jahr: 1971

Laufzeit: 89 Minuten

Wer hat den Saloon mit Bordellcharakter überfallen und mehrere Bürger abgeknallt? Wer hat zudem das arme Indianermädchen auf ihrer Farm erstochen? Für die christlich-undemokratischen Moralprediger der Stadt ist in einem Fakeprozess schnell klar, dass nur der verlauste, schmutzige Berufsräuber Chester Conway der Übeltäter sein kann und daher an den Galgen muss. Doch wie sollte er beide Schandtaten gleichzeitig begangen haben? Ein angeheuerter Detektiv beginnt mit seinen Ermittlungen, spürt zumindest den Kneipen-Puff-Mörder auf, der an dem städtischen Sündenpfuhl schlicht kirre geworden ist.

Dieser abwechslungsreiche Krimiwestern ist lebhaft inszeniert und mit einer ironischen Note angereichert. Man nimmt an einem verblüffenden Ausritt in die unkonventionellen Drehbuch-Weiten der italienischen Pampa teil.

Klaus darf das Westernekel Chester Conway zum Besten geben. Wie ein gefangener Löwe im viel zu engen Zoogehege hockt er im Knast, kriegt vorhersehbar einen Lagerkoller. Wütend springt er an die Gitter, droht mit der Faust, brüllt, faucht, jault. Was die Sprungfeder Kinski vom Stapel lässt, erzeugt ein Sich Aufrichten der Körperhaare. Selbst aus dem kleinen Seitenfenster seiner unfreiwilligen Behausung wird getobt, was das Zeug hält. Bei der Gerichtsverhandlung knabbert der Grobian an seinen Fingern, blickt despektierlich in die Arena der Gerechtigkeit. Mittendrin verfällt er in sein altes gefühlsorientiertes Raster: droht, bockt, schreit, grinst, schäkert. Darüber hinaus spricht sein Gesicht zu uns, wenn Rechtsbrecher Kinski in subtiler Manier die Angst vor dem Tod offenlegt, in dem er kurz sein Köpfchen an die Gitterstäbe presst und leise seufzt. Sein Outfit ist ebenso aufregend wie sein Träger: ein schwarz-blaues Hemd mit weißen Karomustern, dazu eine braune Lederjacke, ein breiter Gürtel mit Adlermotiv, drei große, goldene Klunker an den Fingern. Am Ende lassen sie den Leinwandpöbler zähneknirschend mangels Beweisen frei. Der Geck stolziert wie ein Gockel aus dem Knast, straft sie alle mit einem abfälligen Kinski-Blick und wird kurz vor dem filmischen Ende abgeknallt, weil er eventuell doch eine Schandtat begangen hat.
Reprise: Hat sich der bauernschlaue Regisseur in Bezug auf den unberechenbaren, jähzornigen Kinski etwa einen besonders cleveren Schachzug ausgedacht und ihn einfach den ganzen Film lang sicherheitshalber hinter Gittern spielen lassen?

Mit Gianni Garko, Gely Genka, Luciano Lorcas

August 2003, März 2015 und Juli 2020 bewertet

83. Das Auge der Spinne

Aka: L`occhio del ragno; Eye of the spider; L`eil de l`araignee; Deadly Revenge

Regie: Roberto Bianchi Montero

Jahr: 1971

Laufzeit: 84 Minuten

Professor Krüger plante einst den perfekten Juwelenraub, aber der lief komplett aus dem Ruder: Ein Polizist wurde umgenietet, ein Bandenmitglied mit Schussverletzung am Tatort "vergessen" und die übrigen Teilnehmer verschwanden auf Nimmerwiedersehen mit der Beute. Herr Krüger will mit tatkräftiger Unterstützung des damals zurückgelassenen Paul den begüterten Ex-Kompagnons die anteilige Kohle abluchsen.

Das Gaunerstück wartet mit einem hörenswerten Fusionjazz-Score auf. Die körnigen, farblosen Rückblenden im Slow Motion-Modus verdienen eine gesonderte löbliche Erwähnung. Man nagt zwar nicht vor lauter Spannung seine Fingernägel ab, doch der kompromisslose Feldzug gegen den Beschiss des Lebens wurde italienisch routiniert in Szene gesetzt.

Der braunhaarige Klaus Kinski nennt sich Hans Fischer und ist ein wohlhabend gewordener ehemaliger Dieb, der stets auf seinen Vorteil bedacht ist. In regelmäßigen Einblendungen ist ein quarzender, weltmännischer Klaus zu sehen. Sein schönster Moment findet in der Sauna statt: Aus Angst vor einer Wampe geht Hans Kinski täglich ins Dampfbad. Dort hockt er im blauen Frotteemantel nebst um den Kopf drapiertem grünen Badelaken. Seine Stimme krabbelt unter dem Handtuch hervor, erzählt mit acht Lügenbeinchen ausgestattet, dem neben ihn saunierenden Paul das geklaute Blaue vom Himmel herunter. Als furchtsamer Gejagter gibt Fluppen-Kinski die bezahlte Parole aus: Tötet den Jäger, bevor er mich erwischt. Am Ende ist Gevatter Tod schneller und hängt sich in Form eines Fleischerhakens wirkungsvoll in seinen Körper rein. Der arg lädierte Klaus schafft den Absprung, rennt minutenlang plärrend und stöhnend umher, um nachfolgend ("Endlich" ruft man von der Couch mitfühlend aus) erschlafft über dem Geländer endgültig sein Leben auszuhauchen. Einfach tot umfallen, entsprach nie dem Repertoire von Kinski und deshalb steigern sich seine Sterbesequenzen verlässlich zu infernalisch-grotesken Darbietungen.

Mit Antonio Sabato, Lucrezia Love, Van Johnson

November 2000, März 2013 und April 2020 bewertet

84. Black Killer

Regie: Carlo Croccolo (Pseudonym: Lucky Moore)

Jahr: 1971

Laufzeit: 85 Minuten

Das Gesetz schaut aus egoistischen Überlebensgründen weg, wenn sich Ekelpaket Pedro O`Hara nebst verkommener Mannschaft schamlos Weiber, Land und Leute unter die Nägel reißen und dabei eimerweise Grobheiten ausschütten. Einer steigert sich fast ins Kreisch-Delirium („Du stinkendes Indianerschwein!“), brüllt aus Leibeskräften, dass er „die miese Hure aufspießen, danach am Grill rösten will!“. Ein „Schnauze voll!“-Zivilcouragentrio mit entsicherten Fäusten, Pfeilen und Knarren stellt sich den Teufelsbrüdern in den Weg, um ein für alle Mal Gerechtigkeit walten zu lassen.

So weit - so italienisch. Noch ausgefallener gehts musikalisch zu, denn im trauten Einerlei bilden Klavier, Geige und Banjo gemeinsam mit eingestreuten Soundeffekten eine geisterhaft schrille Tonkapelle. Dieser derbe Spaghettiwestern purzelt ordentlich aus dem Rahmen, ist Nix für zarte Winnetou-Gemüter und gefällt durch eine fesselnde, geradlinige Handlung. Die Auflösung dieser Räuberpistole ergänzt den soeben erlebten Wahnwitz.

Klaus Kinski personifiziert den schießgewandten Rechtsanwalt James Webb und ist von der ersten bis zur letzten Minute allgegenwärtig. Der Paragrafen-Heini beobachtet, ermittelt, sichert ab. Unheilschwanger wandelt Klaus versteckt hinter Vorhängen, glotzt aus Fenstern, spioniert verschwörerisch umher und leistet Schützenhilfe, denn seine doppelbödigen Bücher enthalten bleihaltige gesetzliche Grundlagenlektüre. Kinski agiert megaentspannt, wird nicht durch die Handlung getrieben, hat wenig Text und die Kamera fängt sein barockes Furchengesicht geruhsam ein. Solch bedächtiges, andauerndes Zugegensein von Klaus hat Seltenheitswert.

Mit Fred Robsham, Antonio Cantafora, Marina Malfatti, Paul Craine

April 2002, Oktober 2014 und Mai 2020 bewertet

85. Aguirre, der Zorn Gottes

Aka: Aguirre, the wrath of god; Aguirre, la colere de dieu; Aguirre, furore di dio

Regie: Werner Herzog

Jahr: 1972

Laufzeit: 90 Minuten

Wir schreiben das Jahr 1560. Die spanische Krone knechtet die Indios. In ihrer Not erfinden die herumgeschubsten Einheimischen die Mär vom Goldland El Dorado und wollen damit die Besatzer im wahrsten Sinne des Wortes in die Unvernunft führen. Mit Reichtums- und Ruhmesträumen in der Birne begibt sich ein Trupp verwegener Spanier lechzend auf Schatzsuche. Der Weg zu der Erkenntnis, dass es sich um eine Illusion handelt, ist voller Heimtücken, Meuterei, Hunger und schmerzgepeinigter Entbehrungen.

Regisseur Werner Herzog meinte, dass man so einen Film nur einmal dreht und dann ins Irrenhaus geht. In der Tat wird man unwillkürlich hineingezogen in diesen hypnotischen Dschungel-Flussfahrt-Höllentrip. Einprägsame Naturbilder, gespenstische Klangmalereien von Popol Vuh, Menschen am Rande des Machbaren und Sequenzen ohne Schnitte erzeugen ein außergewöhnliches, unvergessliches Filmerlebnis.

Klaus ist Don Lope de Aguirre, stellvertretender Kommandeur der Expedition, zugleich selbst ernannter Zorn Gottes. In eng anliegender Ritterrüstung kneift er um sich wie eine Riesenkrabbe. Als besessener Berserker und Machtrausch-Egomane schreitet Blechmann Kinski wiederum einem tollwütigen Wolf gleichend, skrupellos, herrisch und putschistisch durchs Gebälk: Eine summende Fliege auf seinem Nasenflügel könnte vermutlich entsetzliches Blutvergießen auslösen. Er mimt den größenwahnsinnigen „Vize“ ohne Rücksicht auf Befindlichkeiten. Unerbittlich tobend peitscht sich Dschungelritter Klaus durch die Menge, schubst nervenlos den angeleinten Gaul auf dem Floß und tituliert ein paar ausgemergelte Mannen als Schweine, weil sie es wagten, etwas Obst zu nehmen. Einen poesievollen Moment gibt es zwischendrin, wenn Wüterich Klaus helmlos mit langer, strohgelber Mähne und lilafarbenen Spitzenhemd einen Siebenschläfer liebkosend in den Händen hält, während er seine (Film)-Tochter zärtlich anlächelt. Das Dschungelfiasko neigt sich dem bitteren Ende, die Kamera umschwirrt den maroden Kahn mit dem übrig gebliebenen Tyrannen, der von unzähligen Äffchen umgeben ist. Selbst ohne in den Genuss seiner Stimme zu kommen, ist es famos mitzuerleben, wie eindringlich Kinski zu Werke geht und in Werner Herzog einen kongenialen Förderer gefunden hat. Ihre nachfolgenden vier Gemeinschaftswerke sind in ihrer manischen Intensität ebenso beispiellos.

Mit Peter Berling, Helena Rojo, Del Negro

Dezember 2001, September 2014 und Mai 2020 bewertet

86. Ein Einsamer kehrt zurück

Aka: El retorno de clint il solitario; Ti attende una corda ... Ringo; Il ritorno de clint il solitario; The return of clint the stranger; There`s a noose waiting for you

Regie: Alfonso Balcazar Granda (Pseudonym: George Martin)

Jahr: 1971

Laufzeit: 82 Minuten

Vor fünf Jahren ermordeten miese Dreckskerle seinen Bruder in dessen Hochzeitsnacht. Wegen eigenmächtiger Vollstreckung der Todesstrafe wandert Clint in den Knast. Dort ausgebrochen, kehrt der Einsame unter falscher Identität zurück in den Schoß seiner eigenen Familie. Deren Wiedersehensfreude hält sich in Grenzen, denn hinter seiner Frau mit ihren zwei Kindern liegen harte, einsame, entbehrungsreiche Jahre. Ihre Sprösslinge beschützend, geht sie Konflikten friedvoll aus dem Wege, lehnt stoisch jeden Waffenbesitz ab („Nur ein Schuss und du kannst gehen!"). Clint muss wohl oder übel unbewaffnet mit ansehen, wie skrupellose Landabknüpfer die eigene und andere solide Farmersfamilien tyrannisieren. Zu allem Überfluss heftet sich ein „Fugitive Recovery Agent" an seine Fersen. Das Treiben der Unholde verleitet den Kautionssammler zur Änderung seiner Pläne, denn schließlich jagt er zur Fahndung ausgeschriebene Verbrecher und keine wehrlosen Familienpapis. Da die weibliche Formel „Frieden schaffen ohne Waffen" so gar nicht hinhaut, verbünden sich die beiden Mannsbilder mit viel Blei in den Pistolen gegen die düsteren Despoten.

Dieser spanische Western mit landestypischen Gitarrenklängen von Maestro Ennio Morricone ist ein aufrichtiges, moralisches Landbesitzerdrama mit einem verzeihbaren, versöhnlichen ENDE.

Kopfgeld-Nimrod Scott alias Jesus-Kinski reitet wieder, und dass er kurz zuvor als „Wanderprediger" durch die bundesrepublikanischen Lande ziehen wollte, sieht man seiner wilden Erlöser-Mähne an. Klaus nimmt die Fährte auf, gibt sich zwei Monate Bearbeitungszeit, währenddessen er seine zum Gutmenschen gewandelte Trophäe namens Clint unaufhaltsam einkreist. Herr Kinski arbeitet mit einer dezenten, aber wirkungsvollen Gesichtsmimik, aus der man sehr gut seine Gedanken und seine permanent vorhandene ironische Distanz ablesen kann. Reserviert dreinblickend bildet Klaus mit einer Riesenzigarre zwischen den Kiemen die zweite Rahmenhandlung ab. Er verfolgt zunächst mit gefühllosem Abstand das Kesseltreiben der bürstenharten Bösen gegen den waschlappenweichen Guten. Am Schluss erleben wir unverhofft einen zufriedenen, gutmütigen Kinski, der dem Vati ein Happy End beschert.

Mit George Martin, Marina Malfatti, Fernando Sancho, Gustavo Re

Juli 2002, Dezember 2014 und Juni 2020 bewertet

87. Death smiles on a Murderer

Aka: La morte ha sorriso all`assassino; Sette strani cadaveri; La morte sorride all`assassino; Death smiles at a murder; Die Mörderbestien

Regie: Aristide Massaccesi

Jahr: 1972

Laufzeit: 88 Minuten

Anno 1906: Medizinstudent Franz von Holstein ist nicht nur unmoralisch in seine süße Schwester Greta vernarrt, sondern beschäftigt sich nebenher mit dem Glauben der Inkas an die Auferstehung ihrer Könige. Eines seltsamen Tages entschwindet sein Liebesobjekt bei der Geburt ihres Babys ins Himmelreich. Der diskret zum Inzest neigende Hobby-Alchemist Franz kreiert im Handumdrehen die Formel für ihre Rückkehr aus dem Reich der Toten. Sicherheitshalber graviert er die chemische Verbindung in ein Medaillon ein und hängt es seiner an der irdischen Existenz wieder teilnehmenden Schwester zärtlich um den Hals. Den Tod überlisten zu wollen, führt allerdings zu einer Verschiebung der menschlichen Sinneswelten. Der frohsinnige Alltag und die eigene Wahrnehmung geraten für alle Beteiligten nunmehr aus den Fugen. Zeitgleich beginnt unpassenderweise auch noch eine Serie grausamer Morde. Gretas magische Erscheinung verwirrt zusehends den Verstand von Männlein, Weiblein, Arzt und Polizei: Wer oder was ist Illusion, wer oder was ist Wirklichkeit?

Dieses unverschämt-abwegige Horrorspektakel ist de facto ein Kamerafilm: Zoom-, Wackel-, Weitwinkel- und Zeitlupenaufnahmen sowie bizarre Blickwinkel vereinigen sich zu einem surrealen Bilderkosmos. Wer sich erst mal auf den ungeheuren Trip durch die überirdische Vorstellungsgalaxie des Aristide M. (fungiert hier unisono als Regisseur, Kameramann, Drehbuchautor) eingelassen hat, verlebt durchgeknallte Filmminuten jenseits aller gebotenen Vernunft.

In solch absonderlichen Reigen darf der exotische Klaus Kinski nicht fehlen und darum gibt er in konzentrierter, seriös wirkender Form den Dottore Sturges zum Besten. Angetan von der rätselhaften, schaurig schönen Greta untersucht er die Formel auf ihrem Anhänger. Wie sein offenkundiges Vorbild Frankenstein betreibt der nette, etwas aus dem Vernunftsrahmen gefallene Allgemeinmediziner inoffiziell ein unterirdisches Labor. Zwischen Reagenzgläsern, Affen, Ratten, Schlangen sowie Leichen erforscht Quacksalber Kinski verbissen das formelhafte Geheimnis des Lebens, zerlegt die chemische Verbindung in ihre Bestandteile und möchte selber lebendige Menschen aus den Toten machen. Aber daraus wird nichts, denn in Minute 36 wird er von einer Spaßbremse hinterrücks erdrosselt. Die wissbegierige Kamera zoomt ungezügelt in seine matter werdenden Pupillen und weidet sich an dem lebensecht dargebrachten bodennahen Kinski-Todestanz.

Mit Ewa Aulin, Giacomo Rossi-Stuart, Luciano Rossi, Angela Bo

August 2003, Februar 2015 und Juni 2020 bewertet

88. La mano spietata della legge

Aka: Die gnadenlose Hand des Gesetzes; Kategorischer Imperativ gegen ein Verbrechen im Zorn; The bloody hands of the law; Das Blut der schwarzen Schlange; La fureur d`un flic; Imperativo categorio contre il crimine con rabia

Regie: Mario Gariazzo

Jahr: 1973

Laufzeit: 95 Minuten

Gianni de Carmine ist die gnadenlose Hand des Gesetzes. Der beinharte Knochen erkämpft sich Gerechtigkeit gern mal mit den Fäusten und kann hochemotional ausflippen, wenn korrupte Geschehnisse ihm ein Bein stellen wollen. Bei einer Mordermittlung sterben plötzlich etliche Zeugen und potenzielle Mitwisser weg: doch nicht etwa an oder mit dem Coronavirus, sondern durch Auftragskiller. Wer führt die eisernen Gangsterfäden im Hintergrund? Wem darf de Carmine in den eigenen Reihen noch vertrauen? Wann geht es ihm an den Kragen? Es gilt: Erbarmungslose Fragen führen zu kompromisslosen Antworten...

Dieser unerbittliche italienische Polizeifilm mit seinen miesen, gefühlskalten, brutalen, humorlosen Charakteren hebt unsere heile Sofawelt gehörig aus den wohlgenährten Angeln. Der aufwühlende Höllentrip ist durchweg packend inszeniert und mit einem luftigen Easy Listening Hippie-Score im 70er-Jahre Feeling unterlegt.

Klaus Kinski marschiert anmaßend durchs Bild, fungiert in der Folgezeit wie eine lautlose, wortkarge, zielorientierte, gnadenlose Hand der Gesetzlosen. Man raunt nur angstvoll seinen Namen: Vito Quadroni. Mit dunkler Miene, dunkler Sonnenbrille und dunklem Anzug pustet er auf Anweisung eine Menge Lebenslichter aus. Eines hellen Tages mordet Eiswürfel Klaus ein weibliches Wesen und sieht sich dabei egoman im Badezimmerspiegel zu. Ein andermal greift er enthemmt zum Bunsenbrenner, um „gegrillte Eier“ zu servieren. Radikal(K)inski könnte theoretisch ganz nett mit seinen Mitmenschen umgehen: Mit einem liebevollen Lächeln deckt er beispielsweise eine arg verdroschene Geisel zu. In alte Verhaltensmuster zurückfallend, knallt er das arme Ding mit einem Schuss in die Seite einfach ab. Das rabiate Auftragsscheusal wird von dem Hardboiled-Cop eingefangen und gebührend verhört: Don Kinski bleibt stumm wie ein Fisch. Der tonlose Klaus ist eine beunruhigende Konstante, die sprachlos überzeugen kann.

Mit Philippe Leroy, Sylvia Monti, Tony Norton, Cyril Cusak, Luciano Rossi

April 2006, September 2015 und Oktober 2020 bewertet.

89. Knochenbrecher im wilden Westen

Aka: Mein Name ist Karate-Jack; Karate Jack – Ich bin Euer Richter; Mittagsfeuer für Han Hao; Il mio nome e shanghai Joe; Mezzogiorno di fuoco per Han-Hao; To kill or to die; The dragon strikes back; The fighting fists of shanghai Joe; On m`appelle Shanghai Joe; Shanghai Joe – Der Mann mit der Kugelpeitsche

Regie: Mario Caiano

Jahr: 1973

Laufzeit: 94 Minuten

Shanghai Joe hat die harte Tempelschule der Selbstverteidigung bestanden. Nun will er im rauen Jahre 1882 das Chinaviertel in St. Francisco verlassen, um sich in Texas seinen Lebensunterhalt zu verdingen. Die selbstbewusste Frohnatur mit Helfersyndrom muss im Land der Kettensägenmassaker jedoch entwürdigende Spießruten laufen, denn zynische Radau-Rassisten sind wild entschlossen, ihn tot zu prügeln, abzustechen, zu zertrampeln, aufzufressen, zu skalpieren, aufzuspießen oder abzuknallen. Dem ortsansässigen Viehbaron und Freizeitsadisten Spencer ist dieser fremdländische „Bambussprössling“ nämlich einfach so ein Dorn im Auge. Deshalb heuert er für dessen Beseitigung vier gemütskranke Gestalten an: Kannibalen-Pedro, Totengräber-Sam, Falschspieler-Tricky und Scalper-Jack jagen nacheinander voller Biestigkeit den Haken schlagenden chinesischen Hasen. Zum Ausklang dieser splatternden Menschenjagd folgt der unkaputtbare Joe frisch gestärkt seiner neu entdeckten Berufung und stürzt sich in den Kampf gegen die Ungerechtigkeiten dieser Welt (siehe hierzu Rezensionsnummer 95).

Untermalt von eingängigen Bruno Nicolai-Klängen tobt sich die deutsche Nachvertonungsclique mit ruppigen, dreckigen und zynischen Proletendialogen gebührend aus. Dank schmissiger Erzählweise, raffinierter Kampfeskunst sowie streng gewürztem Fegefeuerhumor ist der Spaßfaktor enorm hoch.

Der Killer Numero Quattro namens Scalper-Jack (Klaus Kinski) schnitzt nach gut einer Stunde sogleich in dieselbe grobe Kerbe wie seine „Berufskollegen“. Auf den riesig wirkenden Lauschlöffeln liegt ein Hut, im Jackett lagern sechs scharfe Messer und seine Hände halten eine schießfreudige Knarre. Damit legt sich der durchgeknallte Haarschopfdieb mächtig ins Zeug. Die Krone der geistigen Umnachtung verdient sich Klapsmühlen-Kinski hierfür: Entrückt ein Liedchen summend, kämmt er fröhlich einen erbeuteten Skalp, setzt ihn auf eine Spielzeugpuppe und redet das hölzerne Etwas mit Töchterchen an. Unfassbar, wie mühelos Klaus diese groteske Szene gestaltet. Dann ärgert dieser Abkömmling aus der Beklopptenhölle die mitanwesende bauklötzerstaunende Geisel, in dem er seinen Haarschopfkamm an seinen Mund hält und ein witzig gemeintes „Huh“ in den Raum ruft. Der asiatische Knochenbrecher kämpft gegen den nahenden Tod durch dieses säuische Monster tapfer an, erdolcht es gerade noch rechtzeitig und mit weit aufgerissener Kauleiste stirbt Klaus, der Haarefetischist.

Mit Chen Lee, Gordon Mitchell, Rick Boyd

Mai 2007, September 2016 und Dezember 2020 bewertet

90. La mano che nutre la morte

Aka: The hand which fed death; The Hand that feeds the death; Ölümün nefesi; Breath of Death; Evil Face

Regie: Sergio Garrone

Jahr: 1973

Laufzeit: 82 Minuten

Ein Unfall mit der Pferdekutsche führt ein Pärchen in die feudale Villa eines Gelehrten. Sie werden gastfreundlich umsorgt, lernen aber ungewollt bald die dunkle Seite des Hauses kennen. Hier verstecken sich wahrlich seltsame Geheimnisse in Form einer verschleierten Frau und einem halbseitig gelähmten, humpelnden, maßlos unangenehm wirkenden Diener. Im Kellergeschoss hat sich der Hausherr ein blubberndes, elektrifiziertes Labor eingerichtet. In aller gewissenlosen Gemütsruhe transplantiert er die Haut eingefangener getöteter Damen auf die von Feuer entstellten Brandwunden seiner geliebten Frau. Seine gesetzlosen Taten im Namen der guten Sache nehmen allerdings eine unerwartete Wendung.

Ein absonderlicher Stern funkelt aus dem Planetensystem des italienischen Horrorfilms zu uns hinüber. Der verschrobene Hergang, verwegene Kameraperspektiven, ekelige Gewebsverpflanzungen, unverschämt hübsche Damen und ein angenehmer Klangteppich, der sich den jeweiligen emotionalen Begebenheiten anpasst, werden genussvoll aufgetischt. Für ein verlängertes Filmvergnügen empfiehlt es sich, im Anschluss „Le amanti del mostro“ (Rezensionsnummer 91) zu sehen, denn einige Mitwirkende, das Filmset sowie die Umgebung sind deckungsgleich.

„Die Hand, die den Tod nährt“, gehört Medizinalrat Klaus Kinski alias Professor Doktor Sergei Nijinsky. Die Brandverstümmelungen seiner Herzensdame verursachen emotionale Leiden, die er mit allen (un)möglichen Mitteln eindämmen will. Eine gewisse Grundtraurigkeit, gepaart mit abgespannter Überarbeitung durch die naturwissenschaftliche Plackerei im Labor des Schreckens, bringt Kinski routiniert rüber. Sein Schauspiel in der Hauptrolle gleicht zunächst einem ruhig dahin plätschernden Waldbächlein. Der darstellerische Verlauf endet dynamisch, als der körperlich wie auch seelisch verwundete Weißkittel weinend und Blut spuckend gegenüber einer drolligen Spielzeugpuppe sein Herzeleid ausschüttet. Dezente „Close-ups“ schenken uns ergreifende Züge auf dem Kinski-Gesicht.

Mit Katia Christine, Marzia Damon, Erol Taş

August 2011, Juni 2019 und April 2021 bewertet

91. Le Amanti del mostro

Aka: The Love of the Monster; Monster`s Love; Monster Lovers; Olumun nefesi; Ölümün nefesi

Regie: Sergio Garrone

Jahr: 1973

Laufzeit: 83 Minuten

Weißkittel Alex und seine Frau Anna beziehen ein altehrwürdiges Domizil auf dem Lande. Allerdings trügt die Harmonie, denn sie entzieht sich seinem körperlichen Verlangen. Er schiebt dadurch sexuellen Frust vor sich her, während sie unbekümmert die neue Umgebung genießend, sogar mit einem Nachbarn flirtet. Doktorchen findet erst eine alte Tagebuchaufzeichnung des Vorbesitzers, kurz danach dessen Labor in den Kellergewölben. Elektrische Experimente sollen eine chemisch-physikalische Reise aus dem Tod in das Leben ermöglichen: Risiken und Nebenwirkungen mit inbegriffen. Der Hobbytüftler kriegt versehentlich eine gewischt und verwandelt sich plötzlich in eine mordlüsterne Bestie. Das menschliche Monster streift nun atemlos und Beute reißend durch die Nacht. Am Ende erbricht sich die angestaute Liebe aus dem Zwei-Seelen-Mann, besudelt bluttriefend die ahnungslose Aneschka.

Vergleiche mit „La mano che nutre la morte“ (Rezensionsnummer 90) ergeben übereinstimmende Drehorte, vertraut wirkende Darsteller und so manche identische Sequenz. Lediglich die Grundfabel ist anders. Derart ökonomisch können wohl nur ausgefuchste italienische Filmemacher handeln. Gleichwohl herrschen hier bei Nummer 91 mehr Schwung und die beiden blonden Blauäuglein Katia und Klaus harmonieren noch vertrauter miteinander. Auf alle Fälle handelt es sich um eine unterbewertete Kostbarkeit, die wegen der außergewöhnlichen Dominanz von Klaus wie ein kleiner Geheimtipp angesehen werden darf.

Doktor Alex Nijinsky (Klaus Kinski) wird eingedenk der Sexunlust seiner Gattin einsilbig, fahrig, trotzköpfig, schluckt deshalb versehentlich die falsche Arznei und mutiert plötzlich zum rasenden, wilden Wolfsmenschen mit Thor-Kräften. Der nunmehr halbe Mensch tollt mit sabberndem Maul augenrollend umher und macht die Gegend unsicher. Klaus Kinski hockt sich knietief rein in die Schizophrenie von Dr. Jeckyll & Mr. Hyde. Das Monster wütet, tötet, schwitzt; der Mensch leidet, kränkelt, quält sich. Wenn er in der finalen Sequenz um die gemeuchelte Ehefrau weint und ihren Leichnam festhält, ist das der Höhepunkt seiner hingebungsvollen Darstellung.

mit Katia Christine, Marzia Damon, Erol Taş

August 2011, Juni 2019 und April 2021 bewertet

92. Heroes in Hell

Aka: Helden aus der Hölle; Eroi all`inferno; L`enfer des heros; Hrdinove V Pekle

Regie: Aristide Massaccesi (Pseudonym hier: Michael Wotruba)

Jahr: 1973

Laufzeit: 82 Minuten

Im Februar 1944 werden amerikanische Soldaten im okkupierten Frankreich von den Deutschen gefangen genommen. Ein halbes Dutzend davon macht mit getürktem Pestverdacht auf der Fahrt ins Lazarett die Biege. Mit Unterstützung ortsansässiger Partisanen verstecken sie sich vor den ameisengleichen Faschisten. Den Fluchtweg weiter im Blick, liefern sie sich mit den Endsieg-Getreuen kriegerische Ballereien. Sie wollen eine gute Tat gegen die Bösen vollbringen und im Reichskommando dreist den SS-General Kaufmann entführen.

Mit eingestreuten Szenen aus alten Wochenschauen und umtriebiger Handkameraführung mit verwegenen Perspektiven ist der Italokriegsfilm gut umgesetzt worden. Er ist schnörkellos inszeniert, sodass selbst die vorliegende italienische Fassung mit tschechischen Untertiteln problemlos bewertet werden konnte.

„E con la partecipazione straordinaria di KLAUS KINSKY", der im letzten Filmdrittel seinen besonderen Auftritt hat. In gebügelter, faltenfreier SS-Uniform residiert er als General Kaufmann in einem okkupierten Schloss, macht sich von der Muse geküsst, kunstversessen mit Pinsel und Lupe an einem Gemälde zu schaffen, als die Entführer hereinschneien. Statt eines Willkommensgrusses schwätzt er über Kulturelles, will harmlos scheinen und wird trotzdem von den Amis gefangen genommen. Mit Händen in den Hosentaschen schlendert der deutsche Stenz die Schlosstreppen hinab, ballert noch kaltschnäuzig einen Soldaten ab, bekommt eine Spritze in den Arm gerammt, wird ohnmächtig und landet als „Kriegsbeute" auf einem Jeep. Kamerad Kinski absolviert unnachahmlich eines seiner signifikanten kurzlebigen „arischen" Gastspiele.

Mit Lars Bloch, Rosemarie Lindt, Ettore Manni

November 2000, November 2011 und Dezember 2019 bewertet

93. Footprints on the Moon

Aka: Spuren auf dem Mond; Footprints; Die Spuren; Le Orme; Primal Impulse

Regie: Luigi Bazzoni

Jahr: 1974

Laufzeit: 92 Minuten

Alice saß wie jeden Wochentag konzentriert in ihrer Dolmetscherkabine und übersetzte diesmal so angstvolle Sätze wie „Laut Computerberechnung wird ein Leben auf der Erde im Jahre 2000 nicht mehr möglich sein.“ Nach dem Aufwachen am Dienstag und einem Gespräch mit ihrer Vorgesetzten muss sie plötzlich feststellen, dass sie sich an die letzten drei Tage der Gegenwärtigkeit irgendwie nicht mehr erinnert. Schritt für Schritt versucht sie fragend und Orte aufsuchend zu rekonstruieren, wo sie gewesen sein könnte: Woher stammt die zerrissene Postkarte des Hotels Garma auf dem Küchenboden? Warum spricht man sie in dem gleichnamigen Ort mit Nicole an? Was hat ihre einstige Jugendliebe Harry damit zu tun? Wieso hat sie Tagträume von Szenen aus dem alten Kinofilm „Footprints on the Moon“? Nun ja, nicht alle Antworten führen zu erklärbaren Klarheiten ...

Langsam, aber unaufhaltsam entblättert sich eine ausweglose Angstvorstellung um Schein und Sein, deren geheimnisvoller Sogwirkung man sich kaum zu entziehen vermag. Umschmeichelt wird das arg beunruhigende Filmchen von verträumter Nicola Piovani-Musik verbunden mit einer bildhaften, fast architektonischen Kameraführung.

Unmittelbar nach dem Vorspann erscheint der Kinski. Er heißt Professor Blackmann, ist Leiter einer Weltraummission und kehrt für Sekundenbruchteile zeitweise in das Geschehen wieder zurück. Klaus brüllt dann als emsiger Koordinator aufgeregt Anweisungen ins Mikrofon. Wir schauen entgeistert zu, wie er den zurückgelassenen Mann auf dem Mond und Crazy-Alice gleichzeitig per Monitor überwacht. Obwohl einen der filmische Albtraum schon ohne Kinski in die Klapse befördern würde, passen seine Fragezeichen versprühenden und schwarz-weiß gehaltenen Film-in-Film-Einsprengsel gut hinein.

Mit Florinda Bolkan, Nicoletta Elmi und Peter McEnery

Oktober 2007, Oktober 2016 und Dezember 2020 bewertet

94. Nachtblende

Aka: La Merci; L`important c`est d`aimer; L`importante e amare; That most important thing: love

Regie: Andrzej Zulawski

Jahr: 1974

Laufzeit: 108 Minuten

Ein Fotograf, der gegen Kohle jeden Schweinejob annimmt, verliert seine drei Gramm Restgefühle an eine Schauspielerin, die für Kohle jede miese Rolle annimmt. Umgeben sind die beiden sinnentleerten Erdenwürmer von ebenso gescheiterten Existenzen. Selbst die Randfiguren waten durch ein Wechselbad voller Neurosen, Verzweiflungen, Unmoral und Gewalt. Nachdem jegliche Menschenwürde den reißenden Bach des Lebens heruntergespült wurde, reicht es am Ende bei den Zweien geradeso für ein blutgetränktes, schmerzbegleitendes: „Ich liebe Dich".

Dieser apokalyptische Noirausflug in die vernarbten Schluchten menschlicher Seelentäler ist ein quälend intensives Psychogramm. Die kummervollen Klänge von Filmkomponist George Delerue tun ihr Übriges, um keine Freude, geschweige denn einen winzigen Lichtblick aufkommen zu lassen. Von der berührend grandiosen, eindrucksvollen Romy Schneider als abgewracktes Filmsternchen am Ende ihrer Laufbahn mal ganz abgesehen, passt die tieftraurige, melancholische Erscheinung von Fabio Testi gleichsam vorzüglich in diesen Trübsinn hinein.

Nach gut einer halben Stunde platzt Klaus Kinski herein, lässt sich mit Karl-Heinz Zimmer anreden und ist ein bisexueller Schauspieler aus gutem Hause, der in dem eigenfinanzierten Shakespeare-Stück „Richard III." den verkrüppelten Hauptcharakter mimen soll und dafür intensiv probt. Das Schauspiel von Kinski geht permanent unter die Haut. Besonders zum Mitheulen ist der Anblick, wenn Klaus nacktärschig ans Fenster geht und bitterlich den Regen an weint. Nach vernichtender Zeitungskritik innerlich gefrustet, malt der verwöhnte Egozentriker geistesabwesend ein erigiertes Schwänzlein auf die Serviette, verprügelt einen vorbeilaufenden Lump, der angeblich seinen Mantel berührt hat, und schnappt ihm zur Strafe auch noch ungeniert die frivolen Begleitnüttchen weg. Ein bisschen realer Klaus lugt aus diesem Karl-Heinz heraus, denn zuweilen verhielt er sich ähnlich großspurig, jähzornig, narzisstisch und nichtsdestoweniger war er daneben ein hoch sensibler, mitfühlender Charakter. Unter diesem Aspekt betrachte man die flüchtige Szene, wenn Karl-Heinz Kinski der Schneider auf den Mund küsst und sagt: „Das ist alles, was ich für Dich tun kann.".

Mit Romy Schneider, Fabio Testi, Jacques Dutronc

Dezember 2000, September 2013 und April 2020 bewertet

95. Che botte ragazzi!

Aka: Zwei durch dick und dünn; Shanghai Joe II.; Return of Shanghai Joe; Buddies trough thick and thin; Il ritorno di Shanghai-Joe

Regie: Adalberto (Bitto) Albertini

Jahr: 1974

Laufzeit: 87 Minuten

„He, Shanghai Joe ...“, das Schunkelliedchen erklingt immer dann, wenn der gleichnamige fernöstliche Polizist im Undercovereinsatz aufs Neue gegen eine Übermacht prügelwütiger Cowboys kämpfen muss. Daneben gibt es noch den bärtigen Gemütsmenschen Bill; seines Zeichens Präriedoktor mit der Konfession für Wundermittelchenverkäufe. Eines trockenen Tages findet dieser Sonderling mit seiner Wünschelrute im Auftrage durstiger Dörfler „nur“ Erdöl statt Wasser. Zur Belohnung wird er mit Schimpf und Schande fortgejagt. Auf seinem Irrweg durch die Ödnis begegnet er dem gelenkigen Chinesen. Beide retten sich gegenseitig das Leben und ziehen gemeinsam gegen die am öligen Horizont erscheinenden, habsüchtig mordenden Halunken zu Felde.

Vor den Blicken des geneigten Betrachters entfaltet sich ein ulkiges, aber nie dümmliches italienisches Filmvergnügen mit asiatischem Einschlag, das getrost als Fortsetzungsabenteuer von Rezensionsnummer 89 (siehe dort: 1. Absatz letzter Satz) angesehen werden sollte, auch wenn dies vom Regisseur wohl eher nicht beabsichtigt war. Die musikalische Untermalung setzt auf zupfende Gitarrenanschläge, begleitet von einsamer Mundharmonika-Tonalität. An der Kamera schuftet Pier Luigi Santi, den Klaus später für seinen „Paganini“ buchte.

Meister Kinski ist Großgrundbesitzer Pat Barnes und in seinem vorletzten Italowestern konstant im Bilde. Sein Büro befindet sich passenderweise im Saloon, gleich neben der Bar. In jeder Einstellung begegnet er uns in eleganter Kostümierung und zur Beruhigung seiner Nerven pafft der schnell Aufbrausende ständig eine Zigarre. Dieser Rauch kann nicht verbergen, dass er nur seinen finanziellen Nutzen im Blick hat. Kinski gibt überzeugend die wohlgeborene, autoritäre Kapitalistensau, peitscht sogar schreiend einen Mitarbeiter aus, weil der in seinen kalten Augen Bockmist gebaut hat. Am Ende nimmt Klaus Barnes eine Geisel, reißt an ihren Haaren, ballert in fast aussichtsloser Lage um sich, knutscht das Mädel noch mal so richtig dolle und schafft tatsächlich die Flucht. Die Guten erwischen ihn trotzdem und voller Stolz jagen sie ihm eine bleierne Kugel in den Wanst.

Mit Tommy Polgar, Chen Lee, Karin Field

Februar 2007, April 2016 und November 2020 bewertet

96. Das Geheimnis des Lebens

Aka: Lebenserwartung; Lifespan; Le secret de la vie; Il patto con il diavolo

Regie: Alexander Whitelaw

Jahr: 1974

Laufzeit: 78 Minuten

Ben Land aus den USA hält sich für ein Jahr in Amsterdam auf, um gemeinsam mit dem Gerontologen Doktor Linden zu arbeiten. Der Holländer forscht an der Vervollkommnung des Homo sapiens. Insbesondere setzt er alles daran, dessen biologische Uhr zu verlangsamen oder gar zurückzudrehen. Gewissensbisse wegen einiger schief gegangener menschlicher Versuche treiben ihn in den Selbstmord. Je tiefer der angereiste Amerikaner im Rahmen seiner detektivischen Spurensuche in das Leben seines Wissenschaftskollegen einsteigt, desto mehr ist er von den praktischen Forschungen gleichermaßen abgestoßen wie fasziniert. Unmerklich gerät Ben dabei immer näher in das merkwürdige personelle Umfeld eines schweizerischen Arzneimittelherstellers, der die Experimente von Doc Linden zur „Anti-Sterbepille“ finanziell großzügig und geräuschlos unterstützte.

Das Szenarium wird in der Sichtweise des Amerikaners aus dem Off begleitend kommentiert und ist mit einer undefinierbar unheilvollen Musik unterlegt. Dieser latent bedrohliche Science-Fiction-Film aus den Niederlanden über die urmenschliche Angst vor dem Altwerden und Sterben kommt zwar auf leisen Sohlen daher; schafft es aber nachhaltig, einen gedanklich zu fesseln.

Klaus Kinski repräsentiert Nicholas Ulrich, Präsident von Alpina Pharmaceuticals aus der Schweiz, der eines zerknitterten Tages nicht als kranker alter Mann sein Dasein fristen will. Deshalb sponsert er Forschungen, die sich mit der Verlängerung des Lebens auseinandersetzen. Der stumme Beobachter Klaus wabert zunächst vierzig Minuten lang durch die Kulissen, bis er das „Geheimnis“ seiner Anwesenheit lüften darf. Von dem Klischee eines geldgebenden Finanzschweins ist Eidgenosse Kinski meilenweit entfernt und fokussiert sich verstandesbetont auf den sachlichen Aspekt seiner Handlungsweisen. Kinski hat sich selber synchronisiert und das kommt in einer etwas abartigen Szene stimmlich prägnant zum Ausdruck: Mit einer merkwürdigen Teufelsmaske im Gesicht bearbeitet er mit ausgerollter Kinski-Zunge den Körper einer nackten, wollüstigen Maid, bis das Telefon klingelt und er hysterisch in den Apparat bellt: „Ich habe doch gesagt, keine Anrufe!“. Aus den Untiefen seines Herzens seufzend legt er auf und analysiert: „Ach, jetzt bin ich ganz raus“: Superb, denn diese an sich unbedeutende Sequenz fällt kolossal aus dem Handlungsrahmen heraus.

PS: Klaus Kinski ist tatsächlich unsterblich geworden, denn tot ist nur, wer vergessen ist!

Mit Tina Aumont, Hiram Keller, Rudi Falkenhagen, Rudolf Lucieer

Juli 2001, April 2014 und April 2020 bewertet

97. Nobody ist der Größte

Aka: Un genio, due compari, un pollo; Un genie, deux associes, une cloche; The genius; Trinity is back again; Nobody is the greatest; A genius, two companions and a dupe; El genio

Regie: Damiano Damiani

Jahr: 1975

Laufzeit: 120 Minuten

Die dauergelangweilte Pokergemeinde des Chaco Canyon Saloons stellt wöchentlich lapidar fest, dass in dem Saukaff immer Sonntag Nachmittag ist. Die Leutchen freuen sich daher über jede noch so kleine Abwechslung. Da kommt ihnen der Fremde namens Nobody gerade recht, der wie ein Billardspieler über Bande, die Dorfhalunken hinterhältig gegeneinander aufhetzt, beklaut, betrügt oder beschämt und somit auf seine schelmische, spitzbübische Art für Gerechtigkeit sorgt. Gemeinsam mit einem diebischen Halbblut-Hallodri und einem blonden, braunäugigen Frauenzimmer will der kecke Namenlose in der Hauptsache die Mannen der US-Kavallerie um schlappe 300.000 Dollar erleichtern. Einige Uniformschurken hatten naiven Indianern dieses hübsche Sümmchen dreist beim Landverkauf abgegaunert.

Dieser humoristische Wildwestfilm aus dem „Amore Mio-Land“ begeistert mit schwungvoller bildlicher Komik und einer kalauernden deutschen Synchronisation. Selbst die gestandene Filmmusiklegende Ennio Morricone lässt sich von den Albernheiten mitreißen und das ansonsten getragene Beethovenstück „Für Elise“ in einer rasanten Westernvariante ertönen.

„Der Kerl passt mir nicht“: Mit diesem übellaunigen Satz reagiert der manische Kartenspieler Doc Foster-Kinski mit zu kleiner Melone, brauner Krawatte und eingefrorener Miene argwöhnisch auf die kindischen Neckereien von Nobody. Der namenlose Scherzvogel setzt noch einen drauf, fragt mit scheinheiliger Doofheit: „Ist das was Besonderes, wenn man vier Asse hat?“. Für verkniffene Draw-Poker-Akteure ist dies bereits ein genügendes Motiv für ein Duell unter der trägen Mittagssonne und so marschieren die erhitzten Kampfhähne vor die Türe. Dort wird Ballermann Klaus nach allen Terence Hill-Regeln verarscht. Stoische Kinski-Arroganz schlägt um in verblüffte Verwirrtheit: unnachahmlich, wie er uns jenes Wechselbad der Gefühle serviert. In seiner schrullenhaften letzten Sequenz stürmt Kobold Kinski urplötzlich mit gezogener Knarre und wütender Anklage „sie war doch noch ein Kind“ ins Hotelzimmer eines rotbärtigen US-Colonels, weil der angeblich seine Schwester geschwängert hat. Die mitanwesende Humorkanone Nobody greift sich kurzerhand den Wüterich, schmeißt ihn einfach aus dem Fenster. Klaus landet schreiend auf seinem Gaul und das Kinski-Pulver ist in seinem letzten Italowestern nach zwanzig Filmminuten bereits restlos verballert. Kinski passt sich den Eskapaden an und verleiht seiner Rolle eine ungekünstelte Heiterkeit.

Mit Patrick MacGoohan, Miou Miou, Robert Charlebois, Raimund Harmsdorf

September 2006, Dezember 2015 und Oktober 2020 bewertet

98. Das Netz

Aka: The web

Regie: Manfred Purzer

Jahr: 1975

Laufzeit: 102 Minuten

Aurelio Morelli, ein älteres Semester und konservativ bürgerlicher Schriftsteller, gehört laut Verlag zum antiquierten Schreibeisen. Deshalb begibt er sich voller Ingrimm auf die Suche nach der verkommenen obszönen Sprache der Jugend, um sich mit einem neuen Werk dem Markt anzupassen. Bei seiner Buchrecherche fällt ihm auf, dass die jungen Damen nur Fortpflanzungsübungen im Kopf haben und für geistigen Austausch kein Raum mehr übrig bleibt. Um das Fundament für seine verschriftete Revolution gegen diese Übermacht an unreifer, geiler Unsittlichkeit zu schaffen, bringt er postwendend jedes Jahr an seinem Geburtstag eine Frau ums Leben. Ein gewiefter Reporter kommt ihm auf die Spur und will weltexklusiv „die Memoiren des Mädchenmörders" für sein Klatschblatt groß herausbringen. Der verbitterte Schreiberling verfolgt bei dieser Zusammenarbeit klangheimlich seine ganz eigenen Pläne.

Diese nihilistische Moralballade über das widerstreitende Aufeinanderprallen von geistiger- und körperlicher Lustbarkeit verschiedener Generationen wird ausweglos und erschreckend nüchtern, fast plaudernd erzählt. Klaus Doldinger bildet neben Antonio Vivaldis „Vier Jahreszeiten" einen passenden Klangrahmen für diesen ansehenswerten, spezifischen Thriller in Giallo-Manier.

Paparazzo Klaus Kinski arbeitet unter dem Namen Emilio Bossi für das Boulevardblatt „Quest' Ora". Als übereifriger Wirbelwind düst er mit rotem Alfa Romero rotzig durch die Gassen. Ein Ohrring gestochen, Glimmstäbchen in der Schnute und auf alle Anstandsregeln verzichtend, spielt er mit famoser „Ihr könnt mich mal"-Haltung fachmännisch den Recherchekönig. Ständig im Schlagzeilenfieber, giert diese journalistische Schmeißfliege nach einer neuen Reportage. Der Investigativ-Fatzke hechelt mit viel Feuer im Hintern durch die Ereignisse und die ungebremste Kinski-Energie fließt förmlich auf uns über. Der Film gewinnt dadurch erheblich an Fahrt.

Mit Mel Ferrer, Heinz Bennent, Susanne Uhlen, Elke Sommer

November 2001, Juli 2014 und Mai 2020 bewertet

99. Nuit d`Or – die Nacht aus Gold

Aka: La mort a Paris; Nous sommes tous des marionnettes; Voyage chez les morts-vivants; Golden night; Nuit d`Or

Regie: Serge Moati

Jahr: 1975

Laufzeit: 79 Minuten

Michel Fournier wurde in seinem ersten Leben von der Verwandtschaft abgestempelt und verstoßen, weil er in ihren Augen ein unmoralisches, hemmungsloses, spielsüchtiges Schwein gewesen ist. Eine fiese Polizei-Intrige brachte ihn zu allem Überfluss in einen Kindsmördertatverdacht und setzte dem Ganzen damit noch die Krone auf. Von all dem die Schnauze gehörig voll, täuschte er sein Lebensende vor und versteckte sich zwei Jahre lang in einer sektenähnlichen Gemeinde. Einem Schatten gleichend, belauerte er währenddessen von Zeit zu Zeit die Sippschaft und kommt nun aus dem selbst gewählten Exil hervor, um rachsüchtig die entsetzte Familie zu terrorisieren. Mit Macht will er seine ehemalige Herzdame und deren Töchterchen an sich reißen. Unpassenderweise läuft nicht alles nach Plan und der seelisch bankrotte Verlierer wird im Spielcasino „Nuit d`Or" aus dem Leben geschossen.

In aller bedrückenden Ruhe wird in diesem tragischen Drama ein Panoptikum schuldbeladener Gestalten dargeboten. Im Zentrum der Düsternis agiert eine verlorene, nie irgendwo ankommende Hauptfigur, zu der man eine mitfühlende Verbindung aufbaut.

Klaus Kinski tobt als Michel Fournier in der ersten Szene durch den Spielsaal: „Ich bin zurück und fange noch mal von vorn an!". Zu Unrecht als „Mörder mit der goldenen Halskette" gejagt, sucht er Unterschlupf bei der obskuren Sekte „Kinder des wahren Lichts", nennt sich zur Tarnung Bruder Antoine und bedient in der Glaubensgemeinschaft die religiösen Tasten des Korg-Synthesizers. Monsieur Kinski zeigt filmische Präsenz, verkörpert überzeugend das am Leben und den Menschen scheiternde Individuum. Im Speziellen fallen die ambivalenten Augenblicke mit dem entführten kleinen Mädchen auf, denn einerseits tritt er ihr zärtlich, andererseits angsteinflößend gegenüber. Ein weiterer lohnenswerter Anblick am Rande sollte nicht unerwähnt bleiben: Marionettenspieler Michel hält eine Gliederpuppe mit den Gesichtszügen von Kinski (!) in der Hand und trägt dem staunenden Kindchen winzige Episoden seiner Biografie vor, zeigt auf, wie er sich ein Happy End vorstellen könnte. Im real existierenden Dasein wird der Pechvogel am Schlusspunkt seiner Existenz geohrfeigt, gedemütigt, allein gelassen und erschossen.

Mit Maurice Ronet, Bernard Blier, Elisabeth Flickenschildt

Juli 2001, April 2014 und April 2020 bewertet

100. Jack the Ripper

Aka: Jack L`eventreur; Erotico profondo; Jack the Ripper – Der Dirnenmörder von London

Regie: Jesus Franco Manera (Pseudonym: Jess Franco)

Jahr: 1976

Laufzeit: 88 Minuten

Eine gewerbsmäßige Hurenmutter mit perversen familiären Neigungen erschuf durch unmoralisches Treiben ihren eigenen Mörder und späteren Dirnenschlitzer. Der schwer traumatisierte Sohn hat es trotz allem zu einem angesehenen Armenarzt gebracht und verkehrt in unregelmäßigen Abständen als Stammgast in der halbseidenen Spelunke „Pike`s Hole“. Dort halten sich Säufer, Gauner und geldgierige Nutten im Überfluss auf. Zyklisch schleppt der seelisch verkrüppelte Mediziner naive Huren ab, um sich durch ihr Blut von seinem Kindheitstrauma reinzuwaschen. Animalisch vollzieht er an den verängstigten Damen den Liebesakt, bringt sie währenddessen zu Tode und zerlegt sie anatomisch fachgerecht in ihre Einzelteile. Der verkorksten stillen Bestie sind ein übellauniger Bulle, eine ehrgeizige Ballerina, furchtlose Bumsdamen, ein sinnesstarker Blinder und ein geldgieriger Bauernschlauer auf den Fersen. In seinem Treibhaus des Grauens findet der Mann mit den zwei Gesichtern durch klickende Handschellen und dem erwartbaren juristischen Fortgang endlich Erlösung.

Die Schauermär fließt provozierend bedächtig dahin, vermittelt auf diese Weise einen fast semi-dokumentarischen Filmcharakter. Die freudig zoomende Kamera hüpft voyeuristisch in furchtsame Visagen, klaffende Stichwunden und sorgt damit gleichermaßen für eine horrible Gänsehaut.

Auf dem deutschen DVD-Cover schreit uns der verräterische Satz entgegen: „Das Grauen hat einen Namen: KLAUS KINSKI“. Tatsächlich sucht die Polizei einen Kerl mit slawischen Backen, hoher Denkerstirn und ziemlich großen Ohren. Das klingt wahrhaftig nach ihm, der die Hauptrolle als Dr. Dennis Orloff alias Jack The Knife auf den ersten Blick mit leidenschaftsloser, kalter Präzision ausgestaltet. Gleichwohl setzen akzentuierte Nahaufnahmen das traurig-zerstörte, gespaltene Innenleben seiner Persönlichkeit frei; gewähren intime Einblicke in die vermurkste Seele desjenigen, der gleichsam so anständig gegenüber seinen Mitmenschen auftreten kann. Die ungewöhnliche Vorstellung kommt ohne affektierte Überdrehtheiten daher und wenn sich Jack Kinski mal einen Ausraster leistet („sie alte giftige Kröte.“), fängt er sich umgehend, stammelt sogleich eine kleine Entschuldigung. Der zur Schau gestellte distanzierte Kinski-Minimalismus erzeugt einen beklemmenden Ripper-Maximalismus.

Mit Herbert Fux, Josephine Chaplin, Lina Romay, Andreas Mannkopff

August 2010, September 2018 und März 2021 bewertet

101. Operation Entebbe

Aka: Unternehmen Entebbe; Operation Thunderbolt; L`esprit d`Entebbe; La notte die falchi; Entebbe operazione Thunderbolt; Mivtza Yonatan

Regie: Menahem Golan

Jahr: 1976

Laufzeit: 128 Minuten

Vollzeitrevolutionäre von den selbst ernannten Che Guevara Brigaden entführen mit deutscher Gründlichkeit ein Passagierflugzeug der Air France, das u. a. 103 israelische Juden an Bord hat. Die Kursänderung in Richtung ugandischem Flughafen Entebbe begründen die grimmigen Waffenapostel mit ihrem Kampf gegen zionistische Imperialisten, verlangen selbstbewusst die Freilassung von 43 palästinensischen Mitkämpfern aus israelischen Gefängnissen. Gestern wie heute fackelt Israel nicht lange und verlässt umgehend die Opferrolle, um mittels inoffiziell eingeflogener Spezialkräfte diesem Erpresserzirkus ein unverhandelbares Ende zu bereiten.

Das hochpolitische Psychodrama ist wirklichkeitsnah gefilmt und man fühlt sich um ein Haar selber gekidnappt. Ein klein wenig zu übertriebene Mitleid heischende Gesichter sowie pathetische Heldenmusik erinnern zwar entfernt an Hollywood-Klimbim, aber gleichwohl schaut man gebannt auf das menschliche Schreckensszenario und fiebert mit.

„Die Welt ist versaut und Palästina wurde gestohlen.“: Mit dieser Binsenweisheit stellt sich Terrorekel Klaus vor. Mit bürgerlichem Namen Wilfried Böse und globalem Kampfnamen „Fezil El Kubeisi“, trägt Berufsrevoluzzer Kinski einen cremefarbenen Anzug und nach hinten gekämmte Haare zur Schau. Seine anfängliche Skrupellosigkeit wandelt sich in besonnenes Handeln und er lässt seinen variantenreichen Empfindungen freien Lauf: Das wirkt menschlich, kantig, nicht aufgesetzt. Während der „Besteck-Aufregung“ im Flughafengelände erspürt man einen kurz vor dem Austicken stehenden, entsicherten Kinski, der dem friedliebenden Besteckmesserdieb mit dem Gewehrkolben am liebsten in die Fresse gehauen hätte: Völlig naiv hatten ugandische Soldaten Essen und Metallbesteck an jede Geisel ausgeteilt. Ausgerechnet ein Nerd mit T-Shirt Aufdruck „The Voice of Peace“ versteckt sein Stichwerkzeug. Da schreit eine hinguckende Terroristin hysterisch auf: „Was soll das hier! Wilfried, hast Du die Messer verteilt?“. Klaus bäumt sich auf, verliert kurzzeitig die Contenance, fängt sich und führt den „Meisterdieb“ mit Gewehr im Anschlag raus. In diesem filmischen Hochmoor des Gutmenschentums ragt Kinski wohltuend nüchtern heraus. Am Ende stirbt er im Kugelhagel der Erstürmung.

Mit Itzak Rabin, Simon Peres, Sybil Danning, Yehoram Gaon

Mai 2003, Januar 2015 und Juni 2020 bewertet

102. Madame Claude und ihre Gazellen

Aka: Madame Claude; The French Women

Regie: Just Jaeckin

Jahr: 1977

Laufzeit: 106 Minuten

Madame Claude leitet einen Callgirl-Ring mit handverlesenen, wohlgestalteten, willigen Gazellen. Betuchte, tonangebende Männer verabreden erlesene Schäferstündchen, genießen selbstverliebt die vorgetäuschte Dominanz über das weibliche Geschlecht. Madame selber hat sich die erotischen Träume abgewöhnt, weil sie sich beim Sex erniedrigt fühlt. Mehrere der vornehmen Hostessen haben ein Techtelmechtel mit dem Fotografen David. Diese aufdringliche Ratte schnüffelt herum, will seine Strafakte löschen, aber gleichzeitig mit pikanten Bildern den Edelnutten-Service auffliegen lassen, in dem er mit „gewissen" staatlichen Stellen zusammenarbeitet. Er gerät chancenlos zwischen die unmoralischen, geheimen Fronten von Politik, Korruption und Betrug.

Der intelligente Streifen über berechnendes menschliches Verhalten hat trotz dargebotener rüpelhafter Männermanieren eine angenehme, feminine Grundatmosphäre, ist garniert mit eingestreuten Erotikhäppchen und dem zauberhaften, sanftmütigen Chanson „Yesterday, Yes a Day" von Jane Birkin. Man verweilt wirklich gerne hier, obwohl es sittenlos zugeht.

In einer kaltschnäuzigen Luxuswelt inszeniert sich der finanzkräftige, mondäne Herr Kinski bedenkenlos nach dem Motto: „Die Welt ist ein großes Theater und wir sind nur die Schauspieler". Als aparter Schnösel namens Alexander Zakis umgibt sich der schamlose Lebemann mit einer feudalen Jacht, Privatflugzeug zur freien Verfügung und willig erkauften Frauen. In seiner geldknappen Vergangenheit musste er jeden noch so schlecht bezahlten Aushilfsjob annehmen. Der jammervollen Mittellosigkeit entkommen, will Zigarren-Kinski unbedingt verhindern, dass Söhnchen den Zaster im Namen der Gerechtigkeit verteilt. Stattdessen soll er begreifen, was die Welt beherrscht: „Lügen, Verrat, Geld!". In seinen drei längeren Darbietungen stellt der pompöse Kinski gewohnt herablassend und zynisch den unsentimentalen Geldsack („mich kann keiner leiden, ich kann keinen leiden") und fürsorglichen Papi dar, der seinem Sprössling selbstverständlich dessen erste Frau für gewisse Stunden bezahlt.

Mit Murray Head, Maurice Ronet und Francoise Fabian

Juni 2001, März 2014 und April 2020 bewertet

103. Der Fall Serrano

Aka: Mort d`un pourri; Death of a corrupt man

Regie: Georges Lautner

Jahr: 1977

Laufzeit: 119 Minuten

Ein Abgeordneter namens Serrano wird um sein Leben gebracht. Der polizeischeue Täter offenbart sich einem langjährigen Freund. Als plötzlich auch der Mörder getötet wird, begibt sich der loyale Kamerad auf Spurensuche nach den Hintermännern, gerät zwischen die blutigen Fronten tugendhafter Genossen des Proletariats und korrupter Piepen-Anbeter. Beide Interessengruppen kämpfen um den Besitz der Akte Serrano, die pingelig genau Name, Datum, Summe, Unterschrift von bestechlichen Personen aus Wirtschaft und Politik enthält.

Jazzlegende Stan Getz bläst noirhaft ins Saxofon, unterstreicht musikalisch den bitteren Abgesang auf die Diener des Volkes. Zwei wortlastige, packende, desillusionierte Stunden vergehen wie im Fluge. Dieser Politkrimi atmet, lebt, gebiert das skrupellose Streben nach Einfluss und Macht.

Monsieur Nicolas Tomski alias Klaus Kinski ist nach eigenem Bekunden Treuhänder der umfangreichen Erpresserakte, hat dadurch viele einflussreiche Beziehungen. In Filmminute 93 signalisiert der weltgewandte Kinski ein kräftiges Halali und lädt in zünftiger Jägerkluft zum Schießen ein. Nach der praktischen Pirsch mit tödlichem Ausgang hält er einen Monolog über theoretische Ökonomie, die Internationale der Moneten sowie über Kapital ohne Grenzen; blickt dabei wortreich auf die „Kälber" herab, denen allein Fressen, Saufen und Liebe zum Leben genügt. Seine fünfminütige Redezeit nutzt ein zynischer Klaus, um seinen Weltekel hinaus zu speien. Seine nach hinten geschniegelten Haare und die saloppen Klamotten im Vintage-Stil kleiden ihn dabei vortrefflich. Sein ganzer gehaltvoller Auftritt hat dem Kinski gut zu Gesichte gestanden.

Mit Alain Delon, Ornella Muti, Maurice Ronet, Mireille Darc, Stephane Audran

Dezember 2001, September 2014 und Mai 2020 bewertet

104. Roland - die Horden des eisernen Ritters

Aka: Das Roland-Lied; Roland; La Chanson de Roland; Le Combat de Roland; The Song of Roland

Regie: Frank Cassenti

Jahr: 1978

Laufzeit: 97 Minuten

Im Frankreich des 13. Jahrhunderts pilgert ein Zug menschlicher Gläubiger 130 Tage nach St. Jaques de Compostelle, um seelische Befreiung zu finden. Die mitwandernden Spielmänner wollen von leidlichen Missständen wie Hunger, Erschöpfung, Sterben ablenken und stellen deswegen einige Szenen aus dem sagenumwobenen Rolandslied nach. Das Heldenepos um den kriegslüsternen Neffen von Karl dem Großen zieht alle Beteiligten immer mehr in den Bann. Im realen Leben tauchen von der eigenen Not getriebene Plünderer und rebellisch gewordene Bauern auf. In den Spiel- und Wanderpausen wird sogleich Gesellschaftskritik geübt, historische Vergleiche gezogen, die politische Lage ausdiskutiert.

Dieser wohlüberlegte, seelenruhige Zwei-Ebenen-Historienkunstfilm ist ambitionierte Kost, von der man unbedingt probieren sollte. Hat man die doppelbödige Geschichte nach mehrmaligem Anschauen soweit verstanden, kann man sich problemlos das französische Original ansehen und dabei Kinskis unvergleichlicher Stimme lauschen.

KLAUS KINSKI hat zwei Charaktere zu meistern und diese schwierige Aufgabe bewältigt er meisterlich: in altertümlichen Gewändern den blonden „Klaus aus Deutschland“, der wiederum in voller Ritterrüstung mit Schild, Schwert und verziertem Helm „Roland, den Neffen von König Karl“ während der Pilgerreise mimt. Kinski stellt in der „Klaus“-Rolle eine zerbrechliche, sensible Seite dar, während er in dem „Roland“-Part kraftvoll, mitreißend und diszipliniert auftrumpft. „Klaus“ verschmilzt mit dem mehrschichtigen Ensemble; hat aber seine individuellen Szenenfolgen, in denen er sanft gegenüber einer Zuhörerin thematisiert, dass ihn der „Roland“ erdrückt. Gleichsam als nachfragender „Klaus“ liegt Kinski in den Armen des Erzählers. Am Ende der Reisestrecke wird er als „Roland“ von Pfeilen durchbohrt und geht betend in den Tod. Die Legende besagt, dass Spielmann „Klaus“ nach dieser Pilgertour später irgendwann exkommuniziert und gehenkt wurde, weil er Arbeiter zum Aufstand angestachelt hatte. Der extravagante Film könnte demnach eine Verbildlichung der aussaugenden Kraft von Theaterrollen darstellen, die Kinski selber mal thematisiert hatte (siehe hierzu Rezensionsnummer 9).

Mit Alain Cuny, Pierre Clementi, Jean Claude Brialy, Dominique Sanda

Mai 2001, Februar 2014 und April 2020 bewertet

105. Zoo Zero

Regie: Alain Fleischer

Jahr: 1978

Laufzeit: 96 Minuten

Während die Besucher Tiermasken tragen, trällert in „Noah`s Arche“ ein trauriges Mädchen namens Eva, den schwermütigen Chanson „La dompteuse du cirque de Berlin“. Im depressiven Champagnerrausch irrlichtert die einsame Sängerin nach ihrer Vorstellung, mal stumm, mal schreiend, mal aufgepeitscht lüstern durch die dunkle Nacht und trifft auf zerfallene Gebäude, lebensfrohe Ratten, mental kaputte Individuen; erlebt in diesem kafkaesken Spaziergang verwirrende Lebensmomente. Am Rande dieser tristen Odyssee in Richtung Tierpark wird das Menschenkind mit dem Paradiesnamen von ausgestopften Tieren, tierischen Lauten, Tierskulpturen, toten Tieren, eingesperrten Tieren, lebenden Tieren und Mozarts Zauberflöte begleitet. Gemeinsam mit dem Zoodirektor von Paris öffnet Evalein entschlossen die Käfigtüren. Es dämmert, die Zweibeiner liegen neben den herabgefallenen Lautsprechern dahingerafft am Boden, während die befreiten vierbeinigen Lebewesen lautlos staunend durch die Straßen streifen.

„Zu Hilfe zu Hilfe, sonst bin ich verloren“, erschallt es in der zuvor erwähnten Oper. Unser Verstand singt bejahend mit, denn das soeben erlebte audio-visuelle Szenarium glich einer Tour de Surreal und ist ein cineastisches Fest abseits konservativer Sehgewohnheiten/Hörtraditionen. Markant der Finsternis entgegengesetzte Lichtfiltereffekte mit Farbspielereien, beunruhigende Toncollagen aus Wildnislauten, Mozart-Ouvertüren und synthetischen Elektroklängen sowie die fast expressionistische Ausstattung verleihen diesem Film einen kompositorisch durchdachten Improvisationscharakter. Eine sich selbst abwickelnde Filmrolle dient dem verlorenen Mädchen wie ein Orientierungsfaden, und während ihr Leben aus dem Takt kommt, fädelt sich das Zelluloid um eine neue Spule herum: was für ein Gleichnis! Das hinein passende Schlusswort ist ein musikalisches *„Tabula Rasa“*-Zitat der *Einstürzenden Neubauten*: „Ich stapfe durch den Dreck bedeutender Metaphern; Meta, Meta, Meta für Meter“.

Klaus Kinski trägt einen Smoking mit Fliege von Pierre Cardin, vulgäres Augen-Make-up, schlürft Schaumwein, killt Kippen, haust als innerlich exilierter Zoo Chef Yave in den düsteren Gefilden seines öffentlich-rechtlichen Tiergefängnisses. Kraftwerker Kinski kommuniziert nur noch mithilfe eines Vocoders: Selbstständige sprachliche Einheiten werden von ihm in die Maschine getippt und erklingen als roboterhaft-verzerrte Worte. Wir erleben in diesem exaltierten Kaleidoskop einen zwar stummen, aber ausdrucksstarken, sich deutlich zurücknehmenden Kinski. Mit roter Perücke und Tiermaske lauscht er gleich zu Filmbeginn in der Bar, dem weltschmerzlichen Gesang seiner begehrten Eva. Nach sechzig Minuten emporsteigender Extravaganzen heftet sich die Kamera an Klaus und schenkt uns göttliche Nahaufnahmen sowie exotische Sequenzen. Im einsetzenden Regen wird Kinski kurz vor Toresschluss in das immerhungrige Reich der Würmer, Insekten und Maden geschossen.

Mit Anthony Steffen, Alida Valli, Catherine Jourdan, Pierre Clementi

Dezember 2009, März 2018 und Februar 2021 bewertet

106. Nosferatu – Phantom der Nacht

Aka: Nosferatu fantome de la nuit; Nosferatu the vampyre

Regie: Werner Herzog

Jahr: 1978

Laufzeit: 104 Minuten

Jonathan Harker aus Wismar wird an einem üblichen Arbeitstag von seinem halb irre kichernden Bürochef Renfield für eine Vertragsunterzeichnung zum Grafen Dracula nach Transsilvanien entsandt, weil dieser geheimnisvolle Geselle beabsichtigt, in der deutschen Hafenstadt ein altes verfallenes Haus zu kaufen. Man raunt in den Dorfschenken abseits der Wege, dass jenseits der Karpaten die Kinder der Nacht (Wölfe, Geister, Phantome) ihr Unwesen treiben. Mittendrin bewohnt der untote Adelige mit einer Vorliebe für „roten Saft", ein hoch gelegenes mittelalterliches Schloss. Nach strapaziöser vierwöchiger Anreise ist Makler Jonathan endlich vor Ort. Er kommt in den beißenden Genuss der bizarren Gastfreundschaft des vereinsamten Wiedergängers. Der formwandlerische „Säugling" erspäht auf einem Bildnis den langen, leckeren Hals von Harkers Ehefrau Lucy. Flugs schippert er dürstend in Richtung neuer Heimat. Dort angekommen, bereiten sein Begehr nach Blut, die mit Pesterde gefüllten Särge sowie eine Heerschar hungriger Ratten den idealen Nährboden für den Tod. Geistig ermüdet, kreidebleich und seiner kaum noch mächtig, trifft endlich auch der Sesselpuper zu Hause ein. Jonathan sitzt fortan mit vampirischer Lethargie und vor sich hin brabbelnd in einer Ecke. Seine grüblerische Ehefrau mit reinem Herzen gibt nicht auf. Sie lockt den blutsüchtigen Nosferatu in einen venusartigen Liebeshinterhalt. Ein Schrecken wurde gebannt, ein anderer ist entstanden und reitet nach Blut dürstend in die weite Welt hinaus: Jonathan Harker.

Die fast zeitlupenhafte Inszenierung des Geschehens erweckt den Eindruck, unsere Sehwerkzeuge stecken in Sirup fest. Das atmosphärisch dichte, ausweglose Agonie-Kammerspiel mit angedeuteter Stummfilmoptik steckt voller stilisierter bewegter Bilder und verbreitet morbiden Charme.

Das Phantom der Nacht heißt Klaus Kinski, sieht aus wie ein Gespenst und wirkt mit zwinkerlosen- und müden Augen, kahlem Schädel, schwarzem Mantel, überlangen Fingernägeln, zerfurchten abstehenden Ohren sowie zwei spitzen Reißerchen übergroß, entsetzlich abstoßend und innerlich gebrochen. Hinzu gesellen sich Dracula-Kinskis ermattete, zerschlagene, träge dahin schleppende Aussprache sowie ein nach innen gerichtetes Stöhnen mitsamt den krumm-schleichenden, schattenhaften Bewegungen. Bei Tagesanbruch schnappt die weibliche Falle zu und die lauthals röchelnde, erblindete Nachteule Klaus stirbt mit offenem Schnabel. Obwohl der besinnungslos verliebte Raffzahn nicht dauerhaft präsent ist, verbreitet er sogar in Abwesenheit eine diabolische Grundstimmung. Bleibt noch festzuhalten, dass darüber hinaus Klausis liebster Feind, Werner Herzog, ein Säugender war, der stets den letzten Tropfen Genialität aus dem Kinski-Menschen heraus schlürfte.

Mit Isabel Adjani, Bruno Ganz, Roland Topor, Walter Ladengast

März 2010, Juni 2018 und Februar 2021 bewertet

107. Woyzeck

Regie: Werner Herzog

Jahr: 1978

Laufzeit: 77 Minuten

Infanterist Friedrich Johann Franz Woyzeck lebt mit Weib nebst unehelichem Kind in einer beschaulichen Garnisonsstadt. Um seine Armut aushaltbar zu machen, verdingt er sich ein Zubrot als Barbier und ist in seiner freien Zeit ein wissenschaftliches Versuchsobjekt für die Wirkung von Hülsenfrüchten. Nach dreimonatigem Erbsenessen wird aus ihm langsam ein „hirnwütiger Unfried" der „fixen Ideen bei allgemein guter Verfassung" nachhängt. Der schmachvolle Seitensprung seiner Geliebten führt dazu, dass Erde und Wind ihm nach eigener Wahrnehmung zu raunen: „Töte sie". Für zwee Grosche kooft sich der Übergeschnappte ein Messer. Satte sieben Mal dringt etwas später das Schneidegerät in den Leib der Treulosen ein: ein Stich für jeden Buchstaben im Namen WOYZECK! In minutenlanger Zeitlupe, dabei umschwirrt von folkloristisch-melodiösen Klangfarben, starren wir auf diese nicht enden wollende Mordtat. Von allen guten und bösen Geistern verlassen, folgt Franz der blutigen Waffe in die Untiefen des Wassers.

Ein quälend ruhig inszeniertes, straffes Antikdrama aus der spektakulären Welt des Herzog-Kinski-Universums dringt in unser Hirn vor. Länger dürfte der Film weiß Gott nicht gehen, sonst würde das Zuschauergemüt gleichermaßen Schaden erleiden, wie bei der oben beschriebenen Erbsenfresserei.

Kinski ist Woyzeck! Der Kurzgeschorene spielt wie im Fieberwahn, flüstert seinen antiquierten Wortirrsinn in die Welt hinaus. Er wirkt nur am Rande normal, wenn er sich zum Beispiel um das Kindlein kümmert („Das Ärmchen drückt ihn."). Das unstete Gehetze, das langsame Durchdrehen setzt Klaus meisterhaft um. Als Franz Kinski von der Untreue seines Weibes erfährt, elektrisieren uns seine flackernden Augen, die geballten Fäuste, die ausgewürgten, lang gezogenen Worte „Unmöglich, MENSCH! MENSCH!". In der Mordszene kommt sein manieristisches Gebärdenspiel vollends zum Tragen. Erst sammelt sich unbändige Wut an, begreifender Schock setzt ein; still kullern die Tränen des Entsetzens und der vernichtende Hass tritt endgültig hervor. Die Tatwaffe vor sich herwerfend, verschwindet Kinski nach dem Weibsmord meckernd und für immer in dem tiefen Kanal. Wahrscheinlich musste Werner Herzog den Klaus mit aller Gewalt aus dem Wasser ziehen, so intensiv hat der sich in die Rolle hinein gesteigert.

Mit Eva Mattes, Herbert Fux, Willy Semmelrogge

Dezember 2000, September 2013 und April 2020 bewertet

108. Haine

Aka: Killer-Truck; Hatred; Traquenard; Le credo de la violence

Regie: Dominique Goult

Jahr: 1979

Laufzeit: 87 Minuten

Über einer namenlosen Gemeinde irgendwo im nirgendwo schwebt der Unfalltod eines Kindes. Dörfliche Urangst vor allem Fremden erzeugt Hass, bildet das aufsaugende Moosgeflecht für Ausgrenzung, Gewalt, Selbstjustiz gegenüber einem gestrandeten „Eindringling“, der nur ein wenig Benzin und Höflichkeit sucht. Es entwickelt sich um ihn herum eine latent bedrohliche Beklommenheit. Der Outsider in seiner Motorradkluft kommt wie ein vom Himmel gefallener Alien daher, wird von den Bauern auch so behandelt: abweisend, vorurteilsvoll, abschätzig, grausam. Zum frechen Isoliergehabe der Bewohner gesellt sich die „Unverfrorenheit des Hurensohnes“, mit der allseits verachteten „Dorfschlampe“ zu verkehren. Die phlegmatischen Nesthocker entwickeln daraus geballte negative Energie. Sich auf einen mörderischen Kreuzzug gegen den Reisegast begebend, wollen sie ihn synonymhaft ans elektrische Kreuz schlagen.

Das eigentlich beklemmende Gefühl stellt sich bei diesem französischen Albtraum durch das komplette Fehlen eines spannungsvollen Aufbaus ein. Das Geschehen entwickelt sich dermaßen einsilbig, kaltblütig und unbeirrt in eine Richtung, dass man meint, einer True Crime-Bestandsaufnahme beizuwohnen. Tauscht man den Schauplatz gegen Cowboys, Pferde und Saloon ein, hätte man einen düsteren, ausweglosen italienischen Western vor sich.

Ausgerechnet Berufsstänkerer und Hobbyekel Klaus Kinski personifiziert den fremden, namenlosen, in sich gekehrten, sanftmütigen Motorradfahrer, der herumgeboxt und schikaniert wird wie eine elende, alte, stinkende, zahnlose Villonhure. Diese ungewöhnliche Rollenverkörperung ist ihm rundum gelungen. Der geknechtete Biker „reitet“ eine blaue Honda CB 250 und trägt eine rot-weiße „Team Fury International“-Kluft. Obwohl Easy Rider-Klaus mit Helm in dieser Montur aussieht, als ob er geradewegs den Kulissen eines Science-Fiction-Films entstiegen ist, wirkt er glaubwürdig und souverän. Die Leidensgeschichte Kinski: vorsätzlich verunfallt, roh verdroschen, gehasst, beschuldigt, verachtet, gemieden, betrogen. Die kleinen Inseln der Zuneigung sind für ihn zu schmal geworden. Im Finale wird der halb tot geschlagene „Außerirdische“ zu einem Elektro-Trafo geschleppt, um in römerhafter Manier wie Jesus Christus zu enden. Damit schließt sich ein weiteres Kapitel im Epos „Die 1000 Todesarten des Herrn Kinski“.

Mit Maria Schneider, Patrice Melennec, Katia Tchenko, Jean-Simon Prevost

September 2009, Januar 2018 und Februar 2021 bewertet

109. La Femme-Enfant

Aka: Die Kind-Frau; Stumme Liebe; L`Ombre du Loup

Regie: Raphaele Billetdoux

Jahr: 1980

Laufzeit: 96 Minuten

Die dreizehnjährige Elisabeth lebt in einem ereignislosen Dorf. Ihre Eltern kümmern sich in der Hauptsache um ihren Friseurladen. Seit Kurzem verbringt sie etwas Zeit mit dem stummen Gärtner Marcel, einem zurückgezogen lebenden Mittvierziger. Ihre verspielte, unbekümmerte Lebensart trifft auf einen sich nach Zweisamkeit sehnenden Mann. Der lautlose Menschenemigrant und das lebenslustige Mädchen genießen ihr Beisammensein. Der Mann verzerrt sich förmlich nach ihrem verspielten Wesen; weiß aber instinktiv, dass er die unsichtbare Grenze der körperlichen Ausbeutung nicht überschreiten darf. Das Leben bedeutet Veränderung; nichts ist unendlich und so zerschneidet die Realität das zarte Band ihrer vertraulichen Sympathien. Elisabeth verlässt den Ort und geht auf eine Musikschule. Seine kummervolle, innerliche Leere kann der zurückgelassene Gartenarbeiter nicht mehr ausfüllen und verlässt das Leben.

Ein zartpädophiles, sensibles Thema zwischenmenschlicher Zuneigung dermaßen berührend und sorgsam umzusetzen, schaffen wohl nur französische Filmemacher. Ein Ohrenschmaus ist die deutsche Rezitation von Heinrich Heines „Loreley“ durch Penelope Palmer mit bestem französischem Akzent. Der flötenhafte Orgel-Harmonium-Klangteppich von Vladimir Cosma begleitet zudem einfühlsam das Geschehen. All diese Elemente zusammen und Klaus Kinski ergeben ein gehaltvolles, poetisches, aufwühlendes und durchaus kontroverses Filmerlebnis.

Klaus Kinski spielt den Gärtner Marcel mit einem tief zu Herzen gehenden Gebärdenspiel. Der sanftmütige stumme Mensch „spricht“ mit kleinen sinnlichen Gesten. Selbst nach Zuneigung suchend, steckt er sein Gefühlsleben in eine aufblühende Kind-Frau. Die begonnene Vertrautheit dieser „dangereuse Liaison“ bricht voller Tränen ab; verliert sich in einem endgültigen Abschied. Seine Hauptrolle erlaubt es Kinski, diesen verwaisten, feinfühligen, lautlosen Mann in höchster Vollendung darzustellen. Durch die Vorwürfe im Jahre 2013, er habe seine beiden Töchter sexuell missbraucht, wird dieser Film hierzulande wohl erst recht in der Versenkung bleiben (lief einmal 1981 im Fernsehen; eine offizielle deutsche Kauffassung gibt es selbst nach 41 Jahren nicht). Um aber zu verstehen, was den Schauspieler Klaus Kinski so einzigartig gemacht hat, muss man ebenso diesen Spielfilm gesehen haben.

Mit Penelope Palmer, Helene Surgere, Michel Robin

März 2001, November 2013 und April 2020 bewertet

110. Schizoid

Aka: Murder by mail; Psicopata

Regie: David Paulsen

Jahr: 1980

Laufzeit: 85 Minuten

Seit sechs Monaten findet sich unter Leitung eines Psychologen zweimal die Woche ein mit Lebensbeschwernissen behaftetes Häuflein zu einer seelischen Heilbehandlung zusammen. Zwei offenherzige Damen lassen sich zu Therapiezwecken vom Onkel Doktor gerne mal außerhalb der Öffnungszeiten vernaschen. Eines ordinären Tages erschüttern obszöne Drohbriefe und heimtückische Morde den Zusammenhalt der frauendominierenden Gruppe. Da wird selbst der gut situierte Seelenklempner zum Patienten, denn er selber hat momentan arge Probleme mit der heranwachsenden Tochter.

Das amerikanische Lichtspiel zeigt sich in bester Tradition italienischer Schlitzerfilme, baut routiniert am Spannungsbogen und platziert geschickt einen bedeutungsvollen familiären Konflikt als Nebenschauplatz. Bei aller blutigen Aufregung herrscht eine gediegene Gelassenheit beim Zuschauer vor.

Gleich in mehreren längeren Einstellungen ist Doktor Peter Fales alias Klaus Kinski mit geschmackvoller Aufmachung und akkuratem Haarschnitt zu sehen. In der Originalfassung lauscht man Kinskis eigener ruhiger, gefasster Stimmlage. Ein effektvolles Momentum ist die Auseinandersetzung mit seiner Tochter beim Abendbrot, bei der Kinski eine atemlos machende Vorstellung abliefert. Immer verzweifelter, ja hilfloser den Wutausbrüchen der Widerspenstigen ausgeliefert, verfällt Klaus sogar ins Deutsche: „Alison, was ist bloß los mit Dir?“. Der vergnatzte Teenie antwortet belehrend: „Sprich Englisch, we`re Americans!“. Bemerkenswert ist die überzeugende Darstellung von Kinski als immer unsicherer werdender Vati, dem das heranwachsende Kind plötzlich aus dem beschaulichen Lebensrahmen purzelt. Sein Rollenrepertoire umfasste ja eine Menge Lebenscharaktere, aber die Darstellung eines Ehemannes vor dem Standesamt, auf der anschließenden Hochzeitsfeier und beim gemütlichen Beisammensein unterm Weihnachtsbaum war nie darunter: Auch in diesem Film ist Kinski bereits Witwer.

Mit Craig Wasson, Marianna Hill, Christopher Lloyd, Richard Herd

November 2000, Oktober 2012 und April 2020 bewertet

111. Les Fruits De La Passion

Aka: Früchte der Leidenschaft; Shina Ningyo; Une Fille Amoureuse; Shanghai Ljinshokan-China Doru; The Fruits Of Passion

Regie: Shuji Terayama

Jahr: 1980

Laufzeit: 82 Minuten

Mit geradezu hündischer Verehrung betet „O" ihren geliebten Sir Stephen an. Dieser begüterte Geschäftsmann hockt majestätisch im Schanghai des Jahres 1920. Eines überdrüssigen Tages fordert er von seiner Gespielin widerstandslos einen Liebesbeweis. Sie muss für eine gewisse Zeit unter heimlicher Beobachtung ihres „Herrchens" sexuelle Dienste in einem Bordell leisten. Die hörige Schönheit mit Kümmernis im Blick lernt Fetische, Abhängigkeit, Unterwerfung und Erniedrigung kennen. Ein schwarmhafter Boy aus dem Elendsviertel von gegenüber verguckt sich im wahrsten Sinne des Wortes in diese nackte Betrüblichkeit. Ein weiterer Schauplatz mit wankenden Trauerweiden nimmt tragische Gestalt an. Das Klavier am Grunde des Flusses spielt den letzten freudlosen Akkord, erklimmt Moll-behaftet die Tonleiter; hinterlässt einen Raum der Leere.

Eine unerklärliche Faszination strömt in unser Hirn. Gestalten voller bizarrer Winkelzüge umgarnen den geneigten Betrachter. Unweigerlich wird man von Beginn an hineingezogen in die sorgfältig komponierten, imaginär anmutenden, farbigen Kostüme und Bilder. Die schwermütige, dahingleitende Filmmusik entfaltet eine gleichermaßen hypnotische Wirkung, führt einen weit, weit weg von allem Normalen.

Nur wenige bekannte Schauspieler hätte es gewagt, die Rolle von Sir Stephen anzunehmen und derart mit intimer Ehrlichkeit auszustatten, wie Klaus Kinski es vermocht hat. Das drahtige, muskulöse fünfundfünfzigjährige Fiebertier gewährt explizite Einblicke: Jede Sehne, jeder Muskel, sein süßer Po, selbst sein orgiastisches Stöhnen werden schamlos offenbart. Den Geschlechtstrieb auskostend, gebiert er sich den willigen Weibsen gegenüber wie ein Dompteur, rammelt hemmungslos mit ihnen herum. Sein extravagant geschminktes Gesicht, snobistische Gestiken sowie hell strahlende Haaren verleihen dem Rauschhaften zugleich eine maskenhafte, fragile Aura. Wenn der gestrenge Sexausbeuter seine „O" unbemerkt beim hitzigen Rumknutschen und Fummeln beobachtet, fängt die Kamera eindrucksvoll die staunende, eifersüchtige Verwirrung im Antlitz des Klaus Kinski ein.

Mit Isabelle Illiers, Arielle Dombasle und Peter als „Madame"

Februar 2009, Oktober 2017 und Januar 2021 bewertet

112. Die schwarze Mamba

Aka:Venom; Venin; Venomo

Regie: Piers Haggard

Jahr: 1980

Laufzeit: 88 Minuten

Der zehnjährige verzärtelte, asthmatische Philip lebt mit zauseligem Opa, wuseligem Lebendvieh, Dienstmagd und Chauffeur in einem vornehmen Hause in London. Im vertrauten Zoofachgeschäft will er seinen neuesten Spielkameraden in Empfang nehmen: eine afrikanische Hausschlange. Doch dunkle Lebensschwaden umhüllen plötzlich den armen Jungen. Durch eine kleine Unachtsamkeit packt der Bub zu Hause eine schwarze Mamba aus und die Hausangestellten entlarven sich nebenher als entführungswillige Lösegelderpresser, die ihn kidnappen wollen. Die Nerven der Amateurgangster liegen in Anbetracht der paranoid-angriffslustigen Todesschlange rasch blank und natürlich schlängeln sich alle theoretischen Verbrechensplanungen auf und davon. Was bleibt, ist praktisches Überleben.

Es gibt wirklich Nix zum Mäkeln, denn die Angst sitzt neben uns: Dank verzerrtem Weitwinkelobjektiv aus Schlangenperspektive, vorwärtspeitschender Geschehnisse mit passender tonaler Umrahmung, einer hörenswerten deutschen Synchronisation und überzeugender Schauspieler. Die Zeit verging so schnell wie ein hinterhältiger Kriechtierangriff.

Nach elf Minuten betritt der elegant gekleidete Schurken-Import Jacques Müller alias Hans Käppler von Forkefilms alias Entführer Wilfried Jacmel alias Klaus Kinski die Arena der geplanten Straftat. Seine Rolle als bezahlter Bandenkopf mit beunruhigender Unterwelterfahrung nimmt er strukturiert, überlegen, durchdacht und autoritär wahr. Zur Geltung kommt dies insbesondere bei den notwendigen Maßregelungen gegenüber dem verschwitzt-cholerischen Chauffeur mit lechzendem Hang zu edlen Tropfen. Der Kinski-Höhepunkt des Films ist indessen sein hartnäckiger Todestanz mit der Mamba. Beide schenken sich nichts. Sie beißt ihm hinterhältig ins Gesicht, er nimmt die Heimtückische, wirft sie herum wie ein Lasso. Das lebendige Seil rappelt sich auf, schnappt erneut zu. Klaus würgt das fiese Reptil unnachgiebig. Auf den Balkon von dem Schuppenkriechtier kämpferisch hinausgeschlängelt, wird Klaus geradewegs von lauernden Scharfschützen beschossen. In Zeitlupe geht der wütende Schlangenmambo seinem Ende entgegen und beide Heißsporne ziehen eindrucksvoll in die ewigen Jagdgründe ein.

Mit Sterling Hayden, Oliver Reed, Sarah Miles, Susan George

September 2006, Januar 2016 und November 2020 bewertet

113. Love and Money

Aka: Geld und Liebe; Amor y dinero; Les armes du pouvoir

Regie: James Toback

Jahr: 1980

Laufzeit: 90 Minuten

Der dreißigjährige Byron arbeitet unmotiviert bei einem Geldinstitut. Genauso lebt er mit demenzkrankem Opa und Gewohnheitsfreundin in einer mit Büchern vollgestopften Wohnung in Los Angeles. Eines gelangweilten Tages kommt richtig Stimmung in die Bude und in sein Dasein. Ein Geschäftsmann würde Byron satte eine Million Dollar zahlen, wenn der seinen ehemaligen Studienkollegen und jetzigen Präsidenten von Costa Salva beschwatzt, die Silbermine nicht zu verstaatlichen. Das Angebot wird nach einigem Zögern von dem Nerd angenommen. Sein entenlahmes Leben bekommt Adlerflügel. Als erste Amtshandlung baggert er plump wie ein Käfer im Liebesrausch die Gattin des Unternehmers an.

Obwohl die Story reichlich absurd daher kommt, hat man trotzdem Freude an den Filmfiguren. Aaron Copland schenkt uns einen gefühlvollen, abwechslungsreichen Score, bestehend aus Johann Sebastian Bach, Dusty Springfield und zwei spanischen Popballaden. Ornella Muti muss wegen ihrer betörend lasziven Schönheit gesondert erwähnt werden. Ray Sharkey wirkt zwar etwas hölzern, verdient aber einen kleinen Applaus, weil er einmal gekonnt den ollen Kinski nachahmt.

Frederic Stockheinz alias Penunzen-Kinski ist Präsident des Multiglobal-Konzerns „Trans Allied Silver“ und ein skrupelloser Geldhai, der mit aalglatter Angeberfrisur, blau-weißem Maßanzug und eisigem Ausdruck verkündet: „Money is the Future!“. Kapitalist Klaus hat eingangs einen längeren Auftritt, bei dem er seine Wichtigkeit durch andauernde Telefonate lautstark hervorhebt. Besonders in Erinnerung bleiben zwei Geschehnisse: Das gutmenschelnde Gerede über friedvolle Demokratie an der Essentafel zu Ehren des Präsidenten geht dem Kinski tierisch auf den Wecker. Genervt rollt er die Augen, massiert angriffslustig seine Fingerknöchel und hebt sodann zu einer emotionalen, höhnischen Gegenrede an. Später wird Klaus von seinem untreuen Leibwächter ins Pistolenvisier genommen. Dafür knallt unser Bimbes-Cowboy den Verräter ab, steigt ins Auto und schmeißt dem herumstehenden Byron die beweismittelkräftige Knarre an dessen staunenden Kopf. Klaus Kinski sieht so richtig stilvoll aus, raucht nicht, tobt nicht und trotzdem ist das innere Brodeln seiner menschlichen Magmakammer fühlbar.

Mit King Vidor, Armand Assante, Tom McFadden, Tony Sirico

November 2000, August 2012 und Januar 2020 bewertet

114. Buddy Buddy

Aka: Victor Lagaffe; A Pain in the A

Regie: Billy Wilder

Jahr: 1981

Eines sonnigen Tages kreuzt sich der Lebensweg eines menschenverabscheuenden Berufskillers mit dem eines nach zwölf Ehejahren abgeschobenen, deshalb des Lebens überdrüssig gewordenen Ehemannes. Dessen verzweifelte Versuche, sich ins Jenseits zu kegeln, verhindern das ordnungsgemäße Attentat auf einen wichtigen Zeugen. Ärgerliches Nervenzittern ist beidseitig vorprogrammiert. Womit haben sich die beiden Herren nur verdient? Bewältigen sie eigenverantwortlich ihre Daseins- und Auftragskrisen oder sind sie auf ewig miteinander verbunden, weil das Schicksal es so will?

Der grimmige Matthau ergänzt sich hervorragend mit dem armseligen eheglückslosen Lemmon und die daraus entstehenden klamaukigen Verwicklungen und Dialoge bescheren ein relaxtes Fernsehvergnügen.

Klaus Kinski höchstpersönlich leitet das Institut für sexuelle Erfüllung. Er nennt sich passenderweise Dr. Hugo Zuckerbrot. Im weiß-roten Sportdress hält sich der Experte für Fleischeslust ständig körperlich fit. Nebenher schnurrt er Vorträge über die Lösung intimer Probleme ins aufmerksame Publikum. Erdbeermund-Klaus spielt diesen lachhaften Seminaronkel erfrischend überkandidelt, mitsamt geschmackloser Sonnenbrille, unansehnlichem Angebertrainingsanzug und Goldkettchen mit erigiertem Penisanhänger. Seine ihm hörige Assistentin raunt den niedlichen Satz: „Everything you say, Schatzi!", und Sexologe Kinski pikst in seiner Aufgeregtheit gar dem falschen Mann die Beruhigungsspritze in den Hintern. Die übertriebene Seriosität, mit der Klaus seine Rolle ausfüllt, verstärkt das humoristische Wesen seines „Zuckerbrötchens" (Komik und Kinski: siehe dazu Rezensionsnummern 56, 67 und 97). Ohne ihn wäre der Film zwar genauso lustig, aber das gewisse Etwas hätte dieser Hollywood-Produktion doch gefehlt.

Mit Walter Matthau, Jack Lemmon, Paula Prentiß

September 2003, Mai 2009 und Juli 2020 bewertet

115. Fitzcarraldo

Regie: Werner Herzog

Jahr: 1981

Laufzeit: 150 Minuten

Brian-Klaus-Sweeney-Kinski-Fitzgerald alias Fitzcarraldo ist ein Eroberer des Nutzlosen. Seine großspurig angekündigte Eisenbahnstrecke endete nach 200 Metern Schienenstrang. Der Traum von einer Eisfabrik war ausgelutscht und geschmolzen, bevor es richtig heiß zur Sache ging. Seine nächste Vision ist die große Oper im Dschungel. Zuvor muss er dafür einen Dampfer über den Berg ziehen (der kürzeste Weg), damit er an die Geld einbringenden Kautschukbäume kommt, die noch niemandem gehören.

Klaus Kinski auf großer Fahrt und wir sind mit an Bord. Regiekrieger Werner Herzog setzt dem Wildnis-Wahnsinn noch die Krone auf, indem er seine Amazonasmär dermaßen bedachtsam ausbreitet, wie filmischer Kautschuk, der aus einer Kinobaumrinde träufelt. Am Ende wird man das schaurig-schöne Gefühl nicht los, das Dschungelabenteuer hätte den ganzen Tag gedauert.

Der kleine Magier Kinski peitscht seinen fiebrigen Fitz mit besessener Hingebung und stimmlicher Genialität durch die Stromschnellen des Lebens. Mit seinem weißen Leinenanzug, Hosenträgern und Sombrero wirkt Traumschiffkapitän Klaus unschuldig; ist gleichwohl zäh wie Rindsleder. Nacktarsch-Ausbeuter Klaus liefert freilich nicht den herumbrüllenden Derwisch ab, sondern agiert zupackend, beratungsresistent, zielgenau und verliert nur in wenigen Augenblicken seine Fassung. Weiteres zu ihm ist aber schon nicht mehr aufzuschreiben, denn er dominiert die Bildfläche sekündlich und vollständig. Es ist daher unmöglich, eine einzelne Sequenz gesondert hervorzuheben, weil seine erlesene Rolle in ihrer Gesamtheit ein in Stein gemeißelter Triumphzug ist: Mehr Kinski geht nicht – mehr Klaus in einem Film gibt es nicht.

Mit Claudia Cardinale, Peter Berling, Jose Lewgoy

Dezember 2003, Juni 2015 und Juli 2020 bewertet

116. The Soldier

Aka: Der Söldner; Codename: The Soldier; Le Soldat; The Diamond Devils; Ultimátum

Regie: James Glickenhaus

Jahr: 1982

Laufzeit: 82 Minuten

Tschekisten aus dem Feindobjekt KGB überfallen tagsüber auf amerikanischem Boden dreist einen Plutoniumtransport. Damit der Kalte Krieg nicht abkühlt, basteln die Rotfrontkämpfer aus diesem Material eine radioaktive Bombe und platzieren sie an ein weltweit bedeutendes Ölfeld in Saudi Arabien. Vor lauter politischem Übermut fordern sie von der US-Regierung, bitteschön ein paar Raketen auf die jordanische Westbank zu schmeißen. Zur Glättung dieser unschönen Wogen aktiviert die Central Intelligence Agency ihren konspirativ abgeschirmten Spezialkämpfer für aktive Maßnahmen gegen den Feind. Gemeinsam mit wenigen eingeweihten CIA-Recken und in Kooperation mit dem israelischen Geheimdienst tüftelt der Supermann mit dem Arbeitsnamen SOLDIER einen „Peace is our Business“-Plan aus. Hierbei wird den Sowjets unverhohlen mit der nuklearen Zerstörung Moskaus gedroht, wenn dieser antizionistische, araberfreundliche Unsinn nicht sofort aufhört.

Dieser energiereich dargebotene „Gut gegen Böse“ Action-Spionagereißer aus den nostalgischen 80er-Jahren hat zeitgeschichtliche Berlinkulissen (Autofahrten entlang des antifaschistischen Schutzwalls an der Bernauer/Ackerstraße und am Gesundbrunnen) im Gepäck. Tangerine Dream knüpfen einen variantenreichen elektronischen Klangteppich und die Kamera ist immer in Bewegung; eng am Geschehen orientiert. Die Spezialeffekte und Stunts sind professionell umgesetzt. Zusammengefasst: Hier passt alles zusammen.

Ganz in Weiß und mit einer Skiausrüstung im Gepäck besteigt KGB-Verbindungsmann Dracha alias Kinski die Gondel Nummer 2 der Seilbahn in St. Anton am Arlberg. Während der Fahrt leistet sich Albino-Klaus ein grimmiges Augenduell mit dem SOLDIER. Aus dieser waffenlosen Auseinandersetzung mit dem Klassenfeind geht Schneekönig Kinski als Sieger nach Punkten hervor, denn er nietet den US-Agenten mit seinen germanischen Sehorganen glatt um. Zwei abfällige Sätze rotzt er noch hin, bevor er den Friedenshändler in eine Schwebebahnkabine schubst, um ihn mittels Panzerfaust ins Himmelreich zu sprengen. Aus diesem eher winzigen Special Appearance in 2648 Metern Höhe holt Kontaktmann Klaus (mit rotem Stern im Herzen) das Beste heraus.

Mit Ken Wahl, Alberta Watson, Jeremiah Sullivan

Dezember 2010, März 2019 und April 2021 bewertet

117. Der Android

Aka: Android

Regie: Aaron Lipstadt

Jahr: 1982

Laufzeit: 76 Minuten

Wir schreiben das Jahr 2028 und befinden uns im Weltraum. Der arbeitsame Doktor Daniel tüftelt in seinem Raumschiff gemeinsam mit dem wissenschaftlichen Mitarbeiter Max 404 an der weiblichen Ausgabe eines Androiden. Nach Feierabend widmet sich Kunstprodukt Maxe oft dem Filmklassiker „Metropolis“ und vor dem Zubettgehen stellt der blecherne Romantiker immer wieder gerne mit selbst gebauten Metallpuppen relativ züchtig „Frau und Mann“ nach. Die Sehnsucht nach einem mädchenhaften Wesen aus Fleisch und Blut steigt bei ihm von Nacht zu Nacht. Eines schwerelosen Tages wird ein in not geratenes Trio von heißblütigen Weltraum-Terroristen an Bord „gebeamt“. Der Bösewichtertrupp besteht aus zwei Kerlen mit kurzen emotionalen Lunten und einer schicken Dame, die sich hervorragend zur Erstellung einer Blaupause für den fraulichen Androiden eignen würde. Das wirkliche Weibsbild und die künstliche Kopie bringen die gut sortierte Männergefühlswelt gehörig durcheinander. Manche Träume wären lieber Träume geblieben, denkt sich die forschende Zunft; leider etwas zu spät.

Das ungewöhnliche Science-Fiction-Abenteuer ist auf angenehme Art und Weise charmant. Die aberwitzige Geschichte kommt unbeschwert daher, während ein ironischer Unterton wohltuend spürbar ist. Beim Abspann erklingt überraschenderweise ein fetziger Mandolinen-Synthi-Ohrwurm. Das hörbare Stück heißt „Sergio Leone“ und stammt von der kalifornischen Avantgarde-Musikgruppe „The Fibonaccis“.

Zu einem Film, in dem sich jemand sein eigenes feminines Wesen erschafft, konnte Herr Kinski einfach nicht NEIN sagen. Er präsentiert den Wissenschaftsdoktor Daniel mit verschmitzter, ernsthafter Attitüde. Fummel-Kinski testet rein dienstlich die Brüste der künstlichen Lady und kriegt von ihr ganz menschlich auf die Finger; sein verwundertes Entsetzen scheint echt. Er ist oft im Bilde, darf sich mitunter köstlich aufregen und verliert im wahrsten Sinne den Kopf, weil sich seine mobilen Mensch-Maschinen gegen ihn auflehnen. Famos ist die Verblüffung von Klaus, als er realisiert, dass ihm sein Androide Lausbubenstreiche gespielt und sich das intime Diner mit der Frau deshalb etwas holprig gestaltet hatte.

Mit Brie Howard, Norbert Weisser, Kendra Kirchner

Februar 2001, November 2013 und April 2020 bewertet

Achtung: Finger weg von der deutschen Fassung, denn die laienhafte Synchro entwertet den Film immens!

118. Beauty and the Beast

Aka: La Belle et la Bete; Die Schöne und das Biest (aus der TV-Reihe von ABC: Faerie Tale Theatre)

Regie: Roger Vadim

Jahr: 1983

Laufzeit: 50 Minuten

Es war einmal ein Vater, der mit seinen drei gereiften Töchtern zufrieden auf einem Anwesen lebte. Eines nebligen Tages kommt Papi beim Ausritt vom Wege ab, entdeckt ein märchenhaftes Schloss mit magischen Elementen und leckerem Essen. Aus dem verdienten Mittagsschlaf erwacht, mopst er keck eine Rose im Garten und wird von *Beast* auf frischer Tat gestellt. Um der angedrohten Todesstrafe zu entgehen, handelt der ängstliche Dieb einen Deal mit dem Ungetüm aus: Er schickt eine Tochter zwecks Verheiratung vorbei. Sein aufopferungsvolles drittes Kind namens *Beauty* nimmt ihrem gramgebeugten Erzeuger das Schicksalskreuz von der Schulter und lebt freiwillig bei „Prince Charming" mit der Löwenmähne. Jeden Tag erwartet sie die gleiche Frage: „Willst Du mich heiraten?". Am Ende höhlt steter Tropfen den Stein und die Gute willigt ein. Angesichts der Zuneigung, die sich in ihrem Herzen herausgebildet hat, wird der verwunschene Zottel entzaubert und vor ihr steht ein Hübschling. Beide leben seid her glücklich bis an ihr selig` Ende. Die Moral von der Geschicht`: Vergesst die inneren Werte nicht.

Dieses düstere, romantische, dezent zurückhaltend arrangierte Fernsehspiel ist mit erfahrenen, kompetenten Filmstars besetzt. Es kommt ohne emotionalen Firlefanz und süßlich-kitschiger Gefühlsmusik aus. Die besonnene Inszenierung wird von der Kamera sanftmütig begleitet.

Klaus Kinski steckt in dem unwirschen Ungeheuer mit den behaarten Händen, kleinen beweglichen Ohren, der mächtig aufgeplusterten Mähne, einem riesigen Steh-Kragen und zwei steilen Hauern in der Futterluke. Durch den gekonnten Einsatz theatralisch anmutender Bewegungen erschafft Plüschmonster Klaus ein innerlich zerrissenes, nach Zuneigung dürstendes Wesen. Kinski in einer Hauptrolle wahrhaftig nicht sehen zu können, ist ohne Frage paradox, aber dafür lauscht man voller Hingabe seiner originalen, flüsternden, gebrochenen, erbosten, leidenden, traurigen, schreienden, verzweifelten Stimme. Wahre Liebe vertreibt den Fluch im Manne und der Gefühlsbär wird entzaubert: Vor uns steht in hohen weißen Stiefeln ein erkennbarer, goldgelockter, strahlender Prinz Kinski in silber-grünem Glitzerfummel.

Mit Susan Sarandon, Anjelica Huston, Stephen Elliot

September 2008, Februar 2017 und Januar 2021 bewertet

Noch ein gut gemeinter Hinweis: Finger weg von der deutschen Fassung, denn die Synchronisation ist eine Zumutung für die Ohren.

119. The Secret Diary of Sigmund Freud

Aka: Le Journal intime de Sigmund Freud

Regie: Danford B. Greene

Jahr: 1983

Laufzeit: 98 Minuten

Schon im Bübchenalter hatte Klein-Siggi stets ein „WARUM?“ auf den Lippen. Seine Neugierde führte ihn folgerichtig zum Medizinstudium. Fatalerweise ist ihm seine Blutphobie im Weg. Er sucht nach Alternativen, was denn sonst noch am menschlichen Körper behandelt werden könnte. Sein Onkelchen Max hat die zündende Idee: „Alle Patienten haben es im Kopf! Das muss man behandeln.“. Damit findet Freud schlussendlich seine Berufung in der Psychoanalyse. In der neu eröffneten Praxis trudeln immer öfter traumatisierte Menschenkinder mit tief sitzenden Neurosen ein. Zigarrenpaffer Sigmund stößt bei seinen Untersuchungen auf den einzig plausiblen Auslöser all dieser Wahn- und Zwangsvorstellungen: Die sexuelle Natur des Menschen mit ihren normal-abnormalen Facetten. Sie allein gebiert gleichermaßen die Leidtragenden und die Leid verursachenden Missetäter.

Das geheime Tagebuch enthält ein Potpourri aus närrischen Eseleien und man verliert vor lauter liebenswerten Spinnereien mit süffisantem Balkanhumor selbst ein wenig den Verstand. Eine aberwitzige kleine Komödie über Sinn und Unsinn des Freudismus, die von melodiöser erfrischender Musik umrahmt wird. Der putzige Bud Cort bereitet zusätzliche Freud(e). Während des Abspanns ist im Hintergrund ein Riesengemälde zu sehen, auf dem Siggi zwischen all seinen Bekannten und Verwandten steht. Alle stecken in Zwangsjacken: ein wohltuendes Zeichen dafür, dass sich der Film zu keiner Zeit ernst nimmt.

Sex ist der Schlüssel und sechs Szenen werden demgemäß Herrn Kinski zugestanden. Nach einer Viertelstunde findet sich ein froh gelaunter Doktor Max Bauer ein. Ohne auf eine Einladung wartend, grabbelt Onkel Max Kinski ungeniert in dem einladenden Ausschnitt von Mama Freud herum. Busenfreund Klaus fühlt sich fortan wie zu Hause und geht mit einem fröhlich-enthemmten „Hallo, Hallo, Hallo“ in der Freud’schen Bude ein und aus. Deswegen und aufgrund seines quietschblauen Anzugs mit gelber Riesenblume am Revers gehört der Triebgesteuerte eigentlich selber therapiert. Nach weiteren beschwingt-lüsternen „Nummern“ endet Erotikarzt Kinski am Schluss von Siggis Hochzeitsparty lallend, hackevoll und übermüdet in einem Sessel. Der talentierte, leichtfüßig aufspielende Mister Kinski passt einwandfrei hinein in das kauzige Figurenensemble.

Mit Bud Cort, Dick Shawn, Carol Kane, Carroll Baker

Juni 2010, Juli 2018 und März 2021 bewertet

120. Die Libelle

Aka: Little drummer girl; La petite fille au tambour; La tamburina

Regie: George Roy Hill

Jahr: 1984

Laufzeit: 124 Minuten

Palästinenser wurden ab 1948 aus dem Heiligen Land heimatvertrieben, weil Israel viel Raum zum Bau neuer Siedlungen benötigte. Im Laufe der Jahrzehnte entstand daraus eine innige Feindschaft, die auf der ganzen Welt ausgetragen wird. Ein erneuter Bombenanschlag in der Bundesrepublik Deutschland anno 1981 ruft die Akteure des israelischen Nachrichtendienstes auf den Plan, um die verantwortliche PLO-Terrorzelle endgültig zu zerschlagen. Dafür suchen sie einen geeigneten Einschleusungskandidaten. Eine Schauspielerin und idealisierte Freizeit-Friedensaktivistin gelangt dabei ins Visier der Klandestinen und wird für eine Rolle in dem Stück „Israel gegen Palästina“ an dem Theater der Wirklichkeit ausgebildet. Die Inoffizielle Mitarbeiterin mit operativer Legende wird in die Nähe des Terrorkonspiranten Kalil platziert. Es bleibt abzuwarten, ob diese geheimdienstliche Aktion von Erfolg gekrönt sein wird.

Es entwickelt sich ein aufwühlendes, doppelbödiges Psychogramm mit befremdlichen Einblicken in die kampfbereiten Abgründe fanatischer Hirne. Den Zeigern einer Wanduhr gleichend, bewegt sich das Geschehen kontinuierlich vorwärts. Hierbei dominieren die geheimen, anspruchsvollen, präzisen Vorbereitungen zur Infiltration der Terrorzelle und um die Realität möglichst authentisch widerzuspiegeln, wurde an Originalschauplätzen gedreht. Eine grundlegende Frage schwebt hier wie überall im Raum: Rechtfertigen edelmütige Beweggründe beziehungsweise politische, religiöse oder private Verhältnisse die Auslöschung von Menschenleben?

Zunächst sitzt Klaus Kinski als galanter Zuschauer in einem Theater; doch der kulturelle Schein trügt denn hier „arbeitet“ der hauptamtliche Mossad-Mitarbeiter Martin Kurtz und nimmt gerade seine neue Kundschafterin ins unsichtbare Visier. Mit variablen Tarnidentitäten ausgestattet, orchestriert Kinski souverän seine geheimen Einsatzkräfte und leitet konzertierte Aktionen gegen bombenlegende PLO-Fanatiker. Nebenher zurrt der Chefstratege den Pseudolebenslauf der künftigen Undercoveragentin fest. Klaus Kinski ist komplett auf die Sache fokussiert, wirkt konzentriert, ruhig, leger und vermeidet damit eine stereotype, ideologisch aufgepeitschte Schrei-Darbietung. Eine für ihn eher ungewohnt ernsthafte Nebenrolle, die ihm aber gut zu Gesichte steht.

Mit Diane Keaton, Yorgo Voyagis, Sami Frey

Oktober 2001, Mai 2014 und Mai 2020 bewertet

121. Geheimcode Wildgänse

Aka: Codename Wildgeese; The wild geese five; Arcobaleno selvaggio;

Regie: Antonio Margheriti (Pseudonym: Anthony Dawson)

Jahr: 1984

Laufzeit: 101 Minuten

Im Kampf gegen den asiatischen Rauschgiftmarkt nimmt die amerikanische Drogenbehörde vertraulich die Dienste der Söldnertruppe „Wildgänse" in Anspruch. Die bezahlten Mannen, nach dem Motto agierend „Wie es in den Wald hineinschießt, ballert es heraus", bestehen aus harten, verschrobenen Individualisten, von denen jeder sein Psychopäckchen aus der Vergangenheit zu tragen hat. Der Geheimauftrag zur Vernichtung eines Opiumdepots gelingt zwar, aber es gibt noch einen voll beladenen Zug mit rauscherzeugenden Substanzen sowie ein weiteres Lager voller Stoff. Nach eigenem Bekunden sind ihnen „schwerbewaffnete, schlitzäugige Eierdiebe, Ratten und Killer" auf den Fersen, kleben wie Mücken an ihren schwitzigen Körpern. Andere Tunichtgute der kriminellen Gegenseite bewachen mit Argusaugen die Arsenale der Sucht. Verrat auf oberster Ebene gesellt sich erschwerend hinzu, und so lautet die zweitwichtigste Mission in diesem explosiven, bleihaltigen Getümmel: Überleben.

Dieser pyromanische Krawallfeldzug hat es in sich, ist ein kleines Fest für groß gebliebene Jungs, denn es wird geballert, gesprengt, gemordet, geflucht, was das Zeug hält. Die Miniatur-Spezialeffekte wirken zwar auf den ersten Blick lachhaft, sind aber gleichwohl liebevoll gebastelt und eingesetzt worden. Der fetzige Begleitsound stammt von der bundesdeutschen Art-Rockband Eloy und es spielen zu dem zwei vertraute Synchronstimmen mit. Lee van Cleef, hier ein texanischer Aushilfspilot, bringt den kleinen Satz unter: „Mich haben sie Colonel genannt, aber das ist schon eine Weile her.". Hierbei handelt es sich um eine wunderbare Anspielung auf seine „Colonel Mortimer"-Rolle in dem Italowestern „Für ein paar Dollar mehr" (siehe Rezensionsnummer 42).

„Gott zieht nicht in den Krieg.": Klaus Kinski schon! Der ausgebuffte Mann namens Charlton besorgt personellen Nachschub für die „Wildgänse" und leitet verwaltungstechnisch deren Außenkommunikation. Zwei Drittel des Films bestehen aus kleineren Darbietungen von Klaus. Mit Hummeln im Hintern und Verfolgern im Genick tauscht Bürohengst Kinski umgehend den feinen Zwirn gegen eine stramme Uniform, seinen feinminigen Kugelschreiber gegen eine grobschlächtige Kalaschnikow ein, denn er ist heimlicher Besitzer des zweiten Rauschmittellagers. Mit aller Macht will der Doppelbödige verhindern, dass man ihm seine Geldquelle pulverisiert. Von Höllenflammen umgeben, beschießt der Berserker ebendarum den Flammenwerfer-Helikopter, bis ihn die lodernde Hitze auffrisst. Kinski ist nochmals voll in seinem Actionelement. Laut Dokumentation zum Film konnte der feinfühlige Herr K. am Set niemanden leiden und ihn konnte auch keiner ausstehen. Mit diesem Wissen wirkt seine ausufernde Ballerei wie ein gezielter Angriff auf die Filmcrew.

Mit Lewis Collins, Manfred Lehmann, Lee van Cleef und Ernest Borgnine

September 2008, Mai 2017 und Januar 2021 bewertet

122. Creature

Aka: The Titan Find; Creature – die dunkle Macht der Finsternis

Regie: William Mallone

Jahr: 1984

Laufzeit: 95 Minuten

Titan - der größte Mond des Planeten Saturn; hier suchen westdeutsche und amerikanische Geologen in friedvoller Rivalität nach Materialien zur Herstellung neuer Techniken. Eine metallene Kapsel mit Sichtfenster wird aufgestöbert, die etwas Seltsames in sich birgt. Die kollegiale Empfehlung "Howard, setz dich auf das Scheißding" lässt erfahrene Filmfreunde schnurstracks erahnen, dass dieses Fotoshooting ja eigentlich der ganze Weltraumtrip in einem blutroten Fiasko enden wird. Eine intergalaktische Suchmission soll den Verbleib von Howie und seinen Mannen klären, die plötzlich auf Nimmerwiedersehen verschwanden. Die US-Crew stößt in einem Krater auf ein deutsches Raumschiff, das mit etlichen Toten, einer Kreatur und einem Überlebenden gefüllt ist. Gemeinschaftlich stellen sie fest, dass eine intelligente Lebensform am Werkeln ist, die den Verstand halluzinatorisch manipuliert und sich schmatzend in die Hirnmasse ihrer annektierten menschlichen Wirtskörper eingräbt. Frei nach dem Kinoplakatslogan zu einem Horrorfilm mit Texas-Bezug darf in diesem Kontext die Frage erlaubt sein: Wer wird überleben und was wird von ihm übrig bleiben?

Im Sofa von erdiger Schwerkraft umgeben, gerät man unwillkürlich in den schwerelosen Bann dieser beklemmenden, beängstigenden, beengenden, bedrohlichen, blutigen Science-Fiction-Begegnung der dritten Art. Wohltuend fällt ins Gewicht, dass der Score nicht aus nervigem Hau-in-die-Tasten-Synthi-Gedudel besteht, sondern den Überlebenskampf orchestral mit wohldosierten Klangelementen begleitet. Der Spannungsbogen bleibt konstant und die Schauspielmeute fällt nicht durch unmotivierte, mutlose Schreiereien aus dem splatterigen Rahmen.

Kosmonauten Klaus ist hier einzig überlebender teutonischer Erkunder namens Hans Rudy Hofner, der die Americans umgehend mit drallen Vermutungen zur Alienproblematik besoffen quatscht. In einer zweiten längeren Einstellung steht der aufgeweckte Spitzbube fröhlich eine Stulle mampfend herum. Dabei gibt er mit vollem Plappermäulchen ungefragt ein paar brotkrümelige deutsch-amerikanische Sätze von sich: „This is the Sammlung von Lebensgeistern, ja das ist eine Sammlung von Lebensgeistern. I mean, we found a collection of life!". Die Crew und der geneigte Zuseher sind einigermaßen sprachlos. Überdies köstlich: Beim Mondausflug gelingt es dem Weltraumwüstling trotz dicker Schutzkleidung, der vor ihm laufenden Dame frohlockend in die Pobacken zu kneifen. Finster dreinblickend blafft sie: „Don`t fuck with me!". Im Endkampf schmeißt sich ein wurmartiges Gebilde an Kinskis Hinterkopf und verwandelt ihn in einen Unhold mit zerfließendem Gesicht. Ein aufgelockerter, amüsanter Klaus bereitet spaciges Sehvergnügen.

Mit Stan Ivar, Lyman Ward, Robert Jaffe, Wendy Schaal

September 2008, Mai 2017 und Januar 2021 bewertet

123. Hitchhiker-Episode „Blut an den Händen“

Aka: The Hitchhiker: „Lovesounds“ ; Le Voyageur – episode „La musique adoucit les morts“

Regie: David Wickes

Jahr: 1984

Laufzeit: 28 Minuten

Dirigent Kurt Hoffman nennt sich bescheiden Maestro. Er bewohnt eine Riesenvilla, fährt standesgemäß Rolls Royce und ist seit fünf Jahren stolzer Besitzer einer Ehefrau. Der Exzentriker mit Hang zum Perfektionismus hat sich ein schrankwandgroßes Heimstudio mit enormer Wattzahl gegönnt. Tüftler Eric hat das Riesenbaby „gezeugt“. Der sportlich und brünstig veranlagte Mann geht keinem sinnlichen Abenteuer aus dem Weg und vernascht deshalb reuelos die sich ihm anbietende, sexhungrige Klassik-Gattin Veronica. Boshafter weise ist seine technische Tochter zugleich mit einem hypersensiblen Richtmikrofon ausgestattet. Damit kann je nach Bedarf entweder sittsam dem Balzgesang der Frösche oder lüstern dem orgiastischen Seitensprunggequieke der ehrenwerten Gemahlin gelauscht werden. Die letztere Möglichkeit hat für die Ehebrechenden mörderisch brennende Folgen. Der gehörnte Brandstifter wird für seine emotionale Entgleisung von der kummergefüllten Maschine mit hochfrequentierten Trauertönen in den Todeswahnsinn traktiert.

Die Hitchhiker-Serie wurde im Zeitraum 1983-1991 ausgestrahlt. Sie bestand aus sechs Staffeln mit insgesamt 85 Folgen. Diese Episode aus Staffel 2 ist zielstrebig, schnörkellos und mit futuristisch-horriblem Einschlag inszeniert. Natürlich bezieht sie ihre wohltönende Stärke aus der Performance von Klaus Kinski.

Als musikalischer Virtuose steht Kurt Hoffmann (Klaus Kinski) über den profanen Alltagsdingen. Seine kindliche Freude über das „Kling Klang-Produkt“ für den Heimbedarf strömt emphatisch auf den Zuschauer über. Mit Sicherheit bereits auf der Paganini-Wolke schwebend, dirigiert sich Klaus kraft seiner Hi-Fi-Neuheit schwelgerisch durchs Wohnzimmer. Dazwischen zeigt uns Niccolo Kinski einen unduldsamen, herrischen, selbstverliebten Zampano, dem das Schicksal plötzlich so gar nicht mehr wohlgesonnen ist, weil ihn seine junge Angetraute betrügt und die eifersüchtige Angeberanlage ihn erst pubertär missachtet und dann zu den Engeln trompetet. In diesen achtundzwanzig Episodenminuten hat Klaus Kinski mehr Szenenbilder als in dem einen oder anderen Spielfilm. Insofern ist sein Auftritt in dem Serienschmankerl nicht zu unterschätzen.

Mit Belinda Bauer und Stephen Shallin

Mai 2008, Februar 2017 und Januar 2021 bewertet

Finger weg von der deutschen Fassung, in der Kinski sehr unpassend synchronisiert wird!

124. Revenge – Diamant des Grauens

Aka: Revenge of the stolen Stars; La vengeance de la pierre sacree; La maledizione die rubini scomparsi

Regie: Ulli Lommel

Jahr: 1985

Laufzeit: 76 Minuten

Der naive Jungspund Gene aus dem Großstadtdschungel San Francisco erbt von seinem toten Onkel auf einer Insel im südchinesischen Meer eine Plantage nebst jahrhundertealter Mine, in der man nach Rubinen schürft. Das schnieke Anwesen entpuppt sich recht bald als mordsmäßig, verhext und verflucht, denn besonders prachtvolle Fundstücke stehen laut Vertrag der abergläubischen Landbevölkerung zwecks Götzenanbetung zu. Gier frisst bekanntlich Hirn und deshalb mopste sein Onkelchen den Dörflern gewissenlos zwei edle Steine. Ein Rubin wurde verscherbelt, den anderen stibitzten ihm irgendwelche gottlosen Raffkes. Um die entzürnten Dorfgeister zu besänftigen, begibt sich Neffe Gene auf die Suche nach der geklauten roten Varietät des Aluminiumoxids Korund. Verzwickte Abenteuer müssen überstanden werden, bevor sich die Gemüter abgekühlt haben und die Hinterlassenschaft genossen werden darf.

Wenn man bereit ist für Albernes aus Absurdistan und diesen sinnfreien, törichten, comicartigen Streifen aus dem Billigwunderland nicht auf die filmische Goldwaage legt, amüsiert man sich prächtig. Alles wirkt überdreht, aber durchaus ansehnlich. Die begleitende Erzählstimme aus dem Off sowie die deutsche Synchronstimme von Ulli Lommel sorgen für einen angenehmen Gemütszustand.

Klaus Kinski spielt den Oheim Donald McBride, der nach wenigen Minuten während einer Partie Schach mit seinem Geschäftsfreund plötzlich in einem hitzigen Disput über gegenseitig gestohlene Rubine die Nerven verliert. Beide diebischen Denkstrategen liefern sich ein tödliches Remis. Onkel Klaus erscheint noch einmal als Geist, um seinen Neffen wertvolle Tipps fürs Überleben ins Ohr zu schwatzen. Das Antlitz von Klaus Kinski ist trotzdem weiterhin öfter mal im Bilde, denn im Foyer der Villa hängt ein auf Leinwand gemaltes und in einen goldenen Rahmen gefasstes Riesenporträt von ihm. Jenes Gemälde stellt gewissermaßen eine visuelle Entschädigung für seine allzu kurze Gastrolle dar.

Mit Ulli Lommel, Barry Hickey und Suzanna Love

Mai 2010, Juni 2018 und Februar 2021 bewertet

125. Commando Leopard

Aka: Kommando Leopard; Guerilleros

Regie: Antonio Margheriti (Pseudonym: Anthony Dawson)

Jahr: 1985

Laufzeit: 100 Minuten

Ein Trupp von Dschungelpartisanen unter Führung des „Leoparden“ sprengt im Namen der Revolution wichtige Einrichtungen der Militärregierung in die Luft. Im Gegenzug erschießen Staatssoldaten arme Bauern und hinterlassen verbrannte Erde. Die wehrlosen Landbewohner werden von Guerillaführer „El Leopardo“ und seinen erfahrenen Mitstreitern für den bewaffneten Kampf trainiert, um sich eines gewaltsamen Tages gegen die Ausbeutung, Unterdrückung und Grausamkeit der bestehenden Diktatur zur Wehr setzen zu können.

In diesem politischen Katz- und Mausspiel gibt es megalange Ballereien gepaart mit megalauten Explosionen am laufenden Band. Dieser italienisch-deutsche Aktionsfilm verwendet preiswerte, aber reizende Spezialeffekte und heizt den Plot (Gut gegen Böse) beständig an. Temperamentvolle Helden garantieren gemütliche Popcorn-Unterhaltung aus den mittlerweile historisch gewordenen 80er-Jahren.

Milizgeneral Silveira (Klaus Kinski) amtiert als Berater und kompromisslose Stütze eines Diktators. Die „Graue Eminenz“ ist anmaßend geworden und erlaubt sich gegenüber dem regierenden Tyrannen ungefragt mit herablassender Schnute großmäulige Widerworte in dessen Ohr zu flüstern: wunderbar, mit welcher Mimik Klaus hierbei vorgeht. In ruhigen Zeiten noch in „Fitzcarraldo-Montur“ (cremefarbener Anzug, laaange Zigarre) unterwegs, gehts aufgrund der aufmüpfigen Bevölkerung rasant ans Eingemachte. In Militäruniform und gierigem Maschinengewehr in den Flossen stürzt sich Rambo-Kinski höchstpersönlich in den Kampf. Im angriffslustigen Finale verteidigt er wie ein Tobsüchtiger die Macht gegen bäuerliche Rebellen und deren bewaffneten Unterstützern. Sein MG schießt etliche Magazine leer und die Munition erwischt alle, die vor den Lauf geraten. Da kommt man selber ins Schwitzen, staunt nebenher, wie kraftvoll der damals immerhin schon neunundfünfzigjährige Klaus Kinski durch die Gegend springt.

Mit Lewis Collins, Manfred Lehmann, Cristina Donado, Thomas Dannenberg, John Steiner

Oktober 2001, Juni 2014 und Mai 2020 bewertet

126. Star Knight – der Herr der Sterne

Aka: Star Knight; El caballero del dragon; El vuelo del dragon; The Knight of the dragon

Regie: Fernando Colomo

Jahr: 1985

Laufzeit: 87 Minuten

Ein früher Naturwissenschaftler bittet für seine mittelalterlichen Laborversuche zur Erschaffung von flüssigem Gold um himmlischen Beistand. Prompt landet Sternenritter IX auf der Erde. Die außerirdische Lebensform ist eigentlich auf der Suche nach einem Menschen, den er für seine Planetengelehrten zwecks Studiums einsammeln muss. Seine hormonell gelenkte Wahl fällt auf die liebeshungrige, selbstbewusste Grafentochter. Diese interplanetarische Mission bringt den gewohnten Trott auf der Burg und von den darin hausenden Bewohnern gehörig durcheinander. Es entspinnt sich immer mehr ein philosophisch-religiöses Geplänkel um die Fragen „Mann oder Memme?“/„böse Teufelei oder Zukunftsglaube?“

Die spanischen Filmemacher drehten eine märchenhafte, selbstironische Science-Fiction-Mittelalter-Komödie voller alberner Charaktere, lustiger Dialoge und witziger Einfälle. Die deutsche Synchronfassung fängt das spitzbübische Gepräge sehr schön ein. Als Kulisse diente Castillo de Requesens in Amaden Sudria 3, 17753 Espolla, Girona. Der Ritterkampf wurde dagegen auf dem Gelände der katalonischen Osor-Minen gedreht. Heutzutage ist das Grubengelände laut *mineralienatlas.de* eingeebnet.

Mit kultiger Zopfmütze und tunikaartigem Gewand stellt Caballero Kinski den emsigen, freundlichen Alchemisten Boetius dar. Aufgrund seiner tragenden Nebenrolle ist er oftmals im Bilde. Der naturwissenschaftlich interessierte Klaus wird von einem verbohrten Gottesdiener tagtäglich mit auserlesenen Schimpf- und Fluchwörtern bedacht und nimmt es stoisch hin. Nur einmal wird er zum Kinski, als ihn der kriecherische Kirchenfritze Ränke schmiedend verhaften lässt. Da brennen dem Chemie-Klaus in gewohnter Weise alle Sicherungen durch. Beim Papa-Tochter-Happy-End erstrahlt die mittlerweile am Hof wieder geschätzte Laborantenseele sekundenlang im Off wie ein Honigkuchenpferd. Klaus Kinski performt seine Rolle auf angenehm sympathische, lockere Weise.

Mit Harvey Keitel, Fernando Rey, Maria Lamor

Januar 2007, März 2016 und November 2020 bewertet

127. Crawlspace

Aka: Killer House; Killerhaus – Horror der grausamsten Art; Fou a tuer; Striscia ragazza striscia

Regie: David Schmoeller

Jahr: 1986

Laufzeit: 80 Minuten

Doktor Karl Gunther ist der Spross eines SS-Obersturmbannführers, der während des Zweiten Weltkrieges vielfältige Folterwerkzeuge für Konzentrationslager baute. Klein Karl schlägt in Friedenszeiten die medizinische Laufbahn ein. Irgendwann stellt er berauscht fest, dass Töten sein Opium, sein Heroin ist, das ihn süchtig macht und zugleich gottgleich erscheinen lässt. Es ist für ihn die einzige Möglichkeit, ein Lebensgefühl zu entwickeln. Eines nazistischen Tages entdeckt er Papas Skizzenbuch für die Arbeit. Auf dessen Basis formiert er sich in Personalunion zu seinem eigenen Gott, Richter und Henker. Als Vermieter eines Appartementhauses sucht und findet er unkompliziert Collegestudentinnen, die er genüsslich und kreativ zu Tode bringen kann. Seine Hetzjagd auf das pulsierende Leben gestaltet sich zielorientiert, kaltblütig und bestialisch.

Fühlbares Grauen greift nach uns und den Bewohnerinnen des Mietshauses. Ein packender, äußerst verstörender Film, der die Handlung unbeirrbar voran peitscht und die Besessenheit der menschlichen Todesschlange geschickt zirkulieren lässt. Die italienischen Grundelemente (z. B. Kamera, Musik, Produzenten) sind diesem räudigen Slasher übrigens deutlich anzumerken.

Klaus Kinski spielt mit überirdisch blauen Augen das sadistische Vermietermonster mit Doktortitel namens Karl Gunther. Die gemütliche Strickjacke, eine breite Krawatte und ein biederes Hemd sowie eine dahinplätschernde, arglos wirkende Stimme in trauter Eintracht mit dem einnehmenden Altherren-Lächeln verleihen der Rolle eine hausbackene, freundliche Scheinheiligkeit. Doch der Senior kraucht mit Foltergedanken unerbittlich durch den Lüftungskanal und gestaltet eine mörderische Menschenjagd. Klaus mit faschistischem Erbgut in den Genen, bläst kurz vor Toresschluss zur finalen Jagd, zieht sich die Augenlider nach und schminkt seine Hurenlippen rot. Vor dem Spiegel motiviert sich das Monster noch mit einem kräftigen „Heil Gunther“. Während ein Schmalfilm läuft, in dem Adolf Hitler seine Jünger agitiert, verfolgt die Bestie inbrünstig sein verbliebenes Opfer. Was für eine abartige, zugleich grandiose Performance von Klaus Kinski und was für ein hintergründiger Abgesang auf seine Nazirollen.

Mit Talia Balsam, Tane`, Sally Brown, Barbara Whinnery, Carol Francis

November 2000, Oktober 20012 und Januar 2020 bewertet

128. Die Zeitfalle

Aka: Jäger der Zeit; Timestalkers; E Teur du Futur

Regie: Michael Schultz

Jahr: 1986

Laufzeit: 90 Minuten

Wie kommt eine .357 Magnum, Baujahr 1980, auf eine Daguerreotypie von 1886? Diese Frage beschäftigt einen Geschichtsprofessor, der sich leidenschaftlich mit dem alten Wilden Westen beschäftigt. Besagte Fotografie ersteigert er Mitte der 80er-Jahre auf einer Auktion und verzweifelt fast an der „Magnum-Frage". Historiker zurate ziehend, den eigenen Verstand benutzend, begibt sich der Grübler auf Spurensuche. Dabei verschmelzen Gegenwart, Zukunft und Vergangenheit: Menschen des Jahres 1986 treffen auf Zeitreisende aus dem Kalenderjahre 2586, um gemeinsam die Geschehnisse von anno 1886 zu ergründen.

Dieses gemütliche, launige westernhafte Abenteuer mit utopischen Handlungselementen verknüpft ziemlich clever und faszinierend die unterschiedlichen zeitlichen Ereignisse zu einem Gesamtbild. Ummantelt wird der Film von angenehmer Filmmusik und sympathischen Leinwandgesichtern.

Doktor Joseph Cole-Kinski lebt in der Zukunft. Er ist ein gefährlich ehrgeiziger, egomaner Wissenschaftler, der deshalb vom Staat einen Wächter an die Seite gestellt bekommt. Klaus, das forschende Genie, fühlt sich gegängelt, kriegt cholerische Wutausbrüche und will mittels Zeitkristall in die Vergangenheit zurück, um den Erzeuger der „Aufsichtsperson" zu meucheln. Mit weißem Mantel, feinem Anzug und viel zu großem Hut galoppiert er bewaffnet in die Vergangenheit. Hier nun beginnt Kinskis eigene, nostalgisch anmutende Zeitreise zurück in die italienische Western-Ära: Der anmaßende Schuft reitet in die Stadt ein, pöbelt im Saloon, verschafft dem Bestatter reichlich verblichene, bleigefüllte Seelen. Sein Ziel verliert er nicht aus den Augen, folgt demgemäß seinen eigenen Gesetzen. Im typischen Kinski-Duktus klopft er seinem Gegenüber gönnerhaft-abwertend auf die Brust, wirft den Kopf in den Nacken, stolziert angeberhaft davon. Kinski überzeugt auf allen Zeitebenen und wir ziehen achtungsvoll den Cowboyhut.

Mit William Devane und Lauren Hutton

Mai 2002, Oktober 2014 und Juni 2020 bewertet

129. Nosferatu a Venezia

Aka: Nosferatu in Venedig; Vampire in venice; Nosferatu principe de las tinieblas; Nosferatu en venecia

Regie: Augusto Caminito

Jahr: 1986

Laufzeit: 89 Minuten

Ein ewiger Nosferatu-Fluch belastet das Schicksal einer Familie aus Venedig. Mit dem Erweckungspsalm aus einem uralten Buch will man den El Presidente der Vampire herauslocken, um ihn unter Beteiligung eines erfahrenen Professors zu vernichten. Der ins Diesseits herbeigerufene Blutsauger ist mittlerweile immun gegen Patronen, Licht und Kreuze. Er trägt langes Haar und sieht aus wie ein zerknitterter, in die Jahre gekommener Rockstar. Unwirsch nörgelt er die Frage in den Raum, wer ihn denn gerufen hätte. Wird es gelingen, das Säbelzahnwürstchen für immer in das blutleere Reich der Toten zu verbannen oder bleiben am Ende des Weges wieder einmal nur Resignation, Tod und Verlust für die Menschenwesen übrig?

Eine sargschwere, bleierne Düsternis umfängt den artigen Augenzeugen. Diese eigenwillige Blutballade entfaltet eine Sogwirkung, die noch durch die pulsierenden, melodischen, gleichwohl bedrohlichen Elektroklänge von Vangelis sowie zeitlupenhaften, sanften Bildkompositionen verstärkt wird. Wie viel Kinski steckt hinter den Kulissen, fragt man sich angesichts der bizarren Grundstimmung jenseits fest gefügter Filmdogmen? Es fühlt sich an wie ein kleiner Vorgeschmack auf Kinski-Paganini. Nach eigener Aussage diktierte Klaus dem Regisseur oftmals, was er wie zu tun und zu filmen hätte. Das mag durchaus stimmen, denn diese markante Produktion fällt tatsächlich aus dem üblichen visuellen Rahmen.

Klaus Kinski darf ein letztes Mal vampirisch zuschnappen. Er stellt einen sichtlich gealterten, wortkargen, langmähnigen Nosferatu dar. Müde vom lang andauernden Leben, sehnt der Rentnersäuger selber seinen Tod herbei. Lustgreis Klaus kreiert eine charismatische, abstoßende Aura, ohne dabei peinlich oder zwischen den deutlich jüngeren Damen lächerlich zu wirken. Mit zärtlichen, lustvollen Gesten genießt der untote Macho-Beißer die lasziven Frauen, trägt am Ende zielsicher seine nackte „Beute“ durch die Straßen der Stadt. Angstfreie Nahaufnahmen fangen das barocke Kinski-Antlitz gekonnt ein; komplettieren seine schwermütige Hauptrolle.

Mit Yorgo Voyagis, Donald Pleasence, Christopher Plummer, Barbara de Rossi, Anne Knecht

Mai 2007, September 2016 und Dezember 2020 bewertet

130. Cobra Verde

Regie: Werner Herzog

Jahr: 1987

Laufzeit: 106 Minuten

Der machtvolle Bandit Francisco Manoel da Silva, genannt Cobra Verde, leidet: an Betrübnis, Betrug, Alleinsein, Trockenheit, Armut. Er traut weder Schuhen, Pferden noch Menschen. Ein überreicher brasilianischer Zuckerkönig entdeckt sein Charisma, engagiert ihn für den Kauf und die Verwaltung neuer afrikanischer Sklaven. Ausgestattet mit einer alten Uniform, Geld, Vollmacht und Knarren, schippert Francisco los. Der Unbeirrbare mit der kühlen Arroganz eines Mannes, der weiß, was er kann, baut auf dem schwarzen Kontinent die verfallene Sklavenburg wieder auf. Ein machtbesessener, goldbehangener, völlig meschugger König mit sinnentleerten Sprüchen auf den Lippen beäugt ihn voller Unglaube. Sein Neffe, der Kronprinz, ist scharf auf den Thron, hilft dem Weißen beim Aufbau einer Armee aus starken, wilden Amazonen und putscht den Onkel. Leider Gottes hat auch er „nicht alle Latten im Zaun". Der bleichgesichtige Vizekönig fühlt sich wie ein Eremit und schmeißt endgültig hin, als ihn eines schwarzen Tages die „frohe" Botschaft erreicht, dass der Sklavenhandel in Brasilien verboten ist und seine Geschäftspartner ihn finanziell beschissen haben. Westafrika lässt den Gescheiterten jedoch im wahrsten Sinne des Wortes nicht mehr los, denn sein Boot steckt unverrückbar im Sand fest. Am Strandufer nähert sich ihm unaufhaltsam ein verbogener Krüppel, der symbolhaft für das deformierte Cobra Verde-Gemüt angesehen werden könnte.

Kinosoldat und Filmzauberer Werner Herzog fabuliert diese pulsierende, polyrhythmische Lebensballade mit vielen überlagerten kleinen Unterpunkten, die eine gemeinsame Linie bilden. Die geschaffene Kinski-Herzog-Magie lässt einen alles um sich herum vergessen und bis zum Schluss plagt man sich gemeinsam mit Cobra Verde; trifft auf fremde Kulturen und sonderbare Menschen.

Das exzentrische Filmweltwunder KINSKI kann letztmalig in einem Herzog-Film besichtigt werden. Seine entschlossene One-Man Performance als Cobra Verde überstrahlt sogar die afrikanische Sonne. Ein würdevoll gealterter Klaus versprüht bei der Kampfausbildung des „Sauhaufens" sein unbändiges Temperament. Beim Aufbau der Festung wirbelt er umher wie ein Derwisch, treibt seine Sklaven rigoros an, verhält sich wie eine dünnhäutige Wildkatze, die Krallen ausfährt, sobald ihr etwas nicht in den Kram passt. Cobra Kinski demonstriert mit seinem Mienenspiel eine respektlose Herablassung gegenüber jedermann. Sein Gesicht ist zerfurcht von Weltekel und tief sitzender melancholischer Einsamkeit. Aus wirklich jeder Film Pore schwitzt es Klaus Kinski: aus jeder zweiten Pore Werner Herzog! Ein kleiner Wermutstropfen ist die fehlende originale Kinski-Stimme, der aber angesichts seiner intensiven Darstellung freilich keine Bitternis erzeugt.

Mit Peter Berling, Jose Lewgoy, His Royal Highness Nana Agyefi Kwame II of Nsein

März 2010, Juni 2018 und Februar 2021 bewertet

131. Grandi Cacciatori

Aka: Hunters; Great Hunters; White Hunter; Lowczy

Regie: Augusto Caminito

Jahr: 1988

Laufzeit: 97 Minuten

Aus Sicht von Männern, die ihre Familien ernähren müssen, bringt das kuschelige Fell junger Robbenbabys gutes Geld ein. Die Geschöpfe dafür bei lebendigem Leibe zu häuten, geht in den Augen von Filmemacher Alfred aber eindeutig zu weit, und darum will er jene tierische Barbarei der Öffentlichkeit präsentieren. Die Schlächter der Meeressäuger haben aber weder Gewissen noch Moral im Gepäck. Daher wird der störende Mahner ohne Umschweife aus dem Leben gekegelt. Sein Vater engagiert einen Großwildjäger, der gegen Bezahlung auch Menschen abknallt. Der Freizeitkiller kriegts aber nicht gebacken und endet selber als Leiche. Papa setzt einen neuen Auftragsmörder auf die Fährte der keulenschwingenden Fellabzieher an. Der drahtige Mann wird von den rabiaten Outlaws brutal überfallen und von treuherzigen Eskimos wieder hochgepäppelt. Zielstrebig wartet das „Stehaufmännchen“, bis der eisige Tag der bezahlten Abrechnung anbricht.

Das Sujet dieses außergewöhnlichen italienischen Spielfilms dreht sich um den gegenseitigen Respekt auf allen Lebensebenen. Die zusammengehörigen Erzählungen sind eingewickelt in meditative elektronische Klänge und Panflötenmelodien. Dazwischen werden ästhetische Landschaftsbilder aus Afrika und der Arktis eingefangen. Eine unterschwellige Melancholie möchte sich in diesem Kleinod ausbreiten, doch die rührenden Eskimosequenzen mit Harvey Keitel verhindern es und geben wiederum sanfte Einblicke in die Lebenskultur des genügsamen indigenen Volkes.

Ein angenervter Klaus Kinski überwarf sich bei den Dreharbeiten mit dem Regisseur und wurde durch Harvey Keitel ersetzt. Die italienischen Filmleute haben diese Misere geschickt gemeistert und kein Logikloch hinterlassen. Zum Glück hat man die Kinski-Szenen nachträglich nicht rausgeschnitten. Geistreich nennt man seinen Rollencharakter in einer sprachlichen Mischung aus Kinski und Nakszynski schlicht: Klaus Naginsky. Der lakonische Wildschütz killt für lumpige tausend Dollar wunschgemäß jegliches Getier. Die Flasche stets am Mund, trauert er um seine geliebte Frau, die von einem Panther gerissen wurde. Kinski verkörpert in der Location Afrika einen auf Distanz bedachten, nachdenklichen, beklagenswerten, unzugänglichen, schweigsamen, frustrierten, gar abweisenden Menschen. Es gibt mit ihm nur eine halbwegs freundliche Szene in der Location Arktis: Klaus hockt vorm Zelt und beschäftigt sich liebevoll mit einem Robbenbaby, das neugierig vor ihm liegt. Kurz danach erlöschen seine Lebenslichter und er endet nach achtunddreissig Minuten unter einer zugefrorenen Eisdecke. Im Abspann gibt es die Einblendung: „R. I. P. Klaus Naginsky“ und mit Blick auf sein Hinschmeißen könnte man es als Italosarkasmus auslegen.

Mit Harvey Keitel, Deborah Caprioglio, Yorgo Voyagis

Dezember 2015, Juli 2019 und April 2021 bewertet

132. Kinski-Paganini

Regie: Klaus Kinski

Jahr: 1987-1989

Laufzeit: 95 Minuten (Versione Originale)

Niccolo P. spielt leidenschaftlich gerne Geige. Mit seiner Hingabe verzaubert er vor allem das weibliche Publikum. Durch seine vielen Konzertreisen blieb das traute Familienglück irgendwann zwangsläufig auf der Strecke und sein Weib ging konsequenterweise stiften. Er kümmert sich nebenher alleine um seinen kleinen Achille. Wegen der verzärtelten Hingabe von Papa Paganini zu seinem Baby Boy entsteht eine innige menschlich-musikalische Vertrautheit zwischen den beiden. Sie genießen sich gegenseitig; erstrahlen füreinander. Nichtsdestoweniger befördern der Verzehr etlicher Groupies, ständige Anfeindungen durch kirchliche Amtsträger, das biologische Alter und die Strapazen der rauschhaften Liveacts den Abgang des Violinenvampirs ins Totenreich. Zurück bleibt ein trauriger kleiner Mini-Paganini, an dessen noch jungen Nerven der endgültige Fortgang seines einzigen Lebensverbündeten zerrt.

Diese Produktion bewegter Bilder berührt den Betrachtenden durch mosaikartig zusammengesetzte, zeitlupenhafte, unerbittlich direkte Szenenbilder, famose Nutzung von natürlichem Licht und einer mitreißenden Streichinstrumentendarbietung des Salvatore Accardo. Das kunstvolle Schallereignis namens Musik kann enormen Einfluss auf das Lustzentrum des Menschen ausüben und das bringt dieser extraordinäre, sinnliche Leinwandrausch wirkungsvoll rüber. Dieses Werk der Leidenschaft ist ein buchstäblicher KINSKI, denn der Berserker erfüllte sich seine eigene lang gehegte Filmidee, führte Regie, bastelte am Schnitt, schrieb das Drehbuch, besetzte familiär die Hauptrollen mit der Geliebten, dem Sohn und sich selbst.

Man ist schier gefesselt von dem ausströmenden Charisma des wahnschaffenden, diabolischen Geigenvirtuosen Kinski-Paganini: diesem hemmungslosen Höllenfürsten und himmlischen Hurensohn. Seine schwarz-lodernde Mähne, die dicken Koteletten und authentisch daher kommende Beischlafmomente schaffen eine beängstigende Doppelmagie und verwandeln den verehrten und angespienen Klaus Kinski des 20. Jahrhunderts hautnah in den verehrten und angespienen Niccolo Paganini des 18. Jahrhunderts. Getoppt wird dieser Eindruck von dem tief zu Herzen gehenden Zusammenspiel von Klaus und Nikolai.

Mit Klaus Kinski, Debora Kinski, Nikolai (Nanhoi) Kinski, Bernard Blier

Juli 2011, Juni 2019 und April 2021 bewertet

Epilog

Die Lesereise durch das vierzigjährige cineastische Kinski-Vermächtnis ist nun zu Ende. Produktionen aus verschiedenen Genres wurden betrachtet und bewertet, die man sich wohl ohne die Beteiligung von Klaus gar nicht erst angesehen hätte.

So mancher Film ist nie in Deutschland erschienen, sodass vereinzelt sprachliches Neuland betreten werden musste. In wenigen Fällen wurde ganz bewusst eine andere Sprachfassung gekauft, weil sie eine längere Laufzeit hatte oder eine bessere Bildqualität aufwies oder die deutsche Synchronisation unhörbar gewesen ist.

Die einzelnen Längenangaben der Filme wurden der Laufzeitanzeige des Abspielgerätes entnommen. Die inhaltlichen Zusammenfassungen sind nirgends abgeschrieben, sondern mit eigenen Worten wiedergegeben worden.

Erstmalig wurden in einem Buch sämtliche verfügbaren Film- und Fernsehproduktionen besprochen, in denen Klaus Kinski mitgespielt hatte.

Drei Inszenierungen, in denen Klaus Kinski mitwirkte, konnten allerdings nicht rezensiert werden. Es handelt sich um

- Das Fernsehspiel „Die Mondvögel“ aus dem Jahre 1963 von Peter Zadek

(*Auf meine Nachfrage teilte das ZDF 2016 mit, dass diese Produktion gelöscht und daher nicht mehr im Archiv vorhanden ist.*)

- Die 13-teilige griechische Fernsehserie „Occupation“ (Katohi)“ von Stelio Pavlidis aus dem Jahre 1973

(*Ein Sendedatum konnte laut infrage kommender Internetseiten nicht ermittelt werden.*)

- Den 50-minütigen Experimentalfilm „L'oeuf de Colomb“ von Raoul Sangla aus dem Jahre 1977

(*Eine Veröffentlichung auf VHS/DVD/Blu-Ray/Internet oder Ausstrahlung im TV konnte bis dato nicht nachgewiesen werden.*).

Sortierung nach laufender Nummer:

Lfd.-Nr.	Vorhandene Filmtitel A–Z (Deutscher Titel)
1	Morituri
2	Entscheidung vor Morgengrauen
3	Fear (Angst)
4	Ludwig II.
5	Kinder, Mütter und ein General
6	Hanussen
7	Um Thron und Liebe – Sarajewo
8	Waldwinter
9	Geliebte Corinna

Lfd.-Nr.	Vorhandene Filmtitel A–Z (Deutscher Titel)
10	Zeit zu lieben und Zeit zu sterben
11	Rächer, Der
12	Toten Augen von London, Die
13	Geheimnis der gelben Narzissen, Das
14	Bankraub in der Rue la Tour
15	Kurve, Die
16	Seltsame Gräfin, Die
17	Rätsel der roten Orchidee, Das
18	Counterfeit Traitor, The (Verrat auf Befehl)
19	Rote Rausch, Der

Lfd.-Nr.	Vorhandene Filmtitel A–Z (Deutscher Titel)
20	Tür mit den 7 Schlössern, Die
21	Gasthaus an der Themse, Das
22	Zinker, Der
23	Schwarze Kobra, Die
24	Schwarze Abt, Der
25	Indische Tuch, Das
26	Scotland Yard jagt Dr. Mabuse
27	Kali Yug – Göttin der Rache
28	Kali Yug – Aufruhr in Indien

Lfd.-Nr.	Vorhandene Filmtitel A–Z (Deutscher Titel)
29	Geheimnis der schwarzen Witwe, Das
30	Piccadilly Null Uhr Zwölf
31	Letzte Ritt nach Santa Cruz, Der
32	Wartezimmer zum Jenseits
33	Gruft mit dem Rätselschloss, Die
34	Winnetou II. – Der Schatz der blauen Berge
35	Geheimnis der chinesischen Nelke, Das
36	Verrätertor, Das
37	Neues vom Hexer
38	Spione unter sich

Lfd.-Nr.	Vorhandene Filmtitel A–Z (Deutscher Titel)
39	Estambul 65 (Unser Mann aus Istanbul)
40	Pleasure Girls, The (Die Goldpuppen/Sex in falschen Händen)
41	Doktor Schiwago
42	Für ein paar Dollar mehr
43	Rätsel des silbernen Dreiecks, Das
44	Our Man in Marrakesh (Marrakesch)
45	Gern hab ich die Frauen gekillt
46	Geheimnis der gelben Mönche, Das
47	Töte Amigo

Lfd.-Nr.	Vorhandene Filmtitel A–Z (Deutscher Titel)
48	Sumuru – die Tochter des Satans
49	Pagode zum fünften Schrecken, Die
50	Blaue Hand, Die
51	Grand Slam (Tob-Job-Diamantenraub in Rio)
52	Mit Django kam der Tod
53	Gold von Sam Cooper, Das
54	Teufelsgarten, Der
55	Sigpress contro Scotland Yard (Mister Zehn Prozent-Miezen und Moneten)
56	Sartana – Bete um Deinen Tod
57	Due volte Giuda (Zweimal Judas/Kugeln tragen keine Unterschrift)

Lfd.-Nr.	Vorhandene Filmtitel A–Z (Deutscher Titel)
58	Vatican Story
59	Bastard, Der
60	Leichen pflastern seinen Weg
61	Todeskommando Panthersprung
62	Marquis de Sade: Justine
63	Double Face (Das Gesicht im Dunkeln)
64	Gangsters Law (Quintero, das Aas der Unterwelt/Der Killer)
65	Leoparden kommen, Die (Im Vorfeld der Hölle)

Lfd.-Nr.	Vorhandene Filmtitel A–Z (Deutscher Titel)
66	Venus in Furs
67	Sartana - Töten war sein täglich Brot
68	Naughty Cheerleader, The (Mir hat es immer Spaß gemacht)
69	Satan der Rache
70	Nachts, wenn Dracula erwacht
71	Peau de Torpedo, La (Der Mann mit der Torpedohaut)
72	Night of the Assassin, The (Spezialkommando Wildgänse)
73	Churchill`s Leoparden
74	Belva, La (Die Bestie)

Lfd.-Nr.	Vorhandene Filmtitel A–Z (Deutscher Titel)
75	Für einen Sarg voller Dollars
76	Ich will Deinen Kopf
77	On m`appelle king
78	Cold Blooded Beast (Der Triebmörder/Das Schloss der blauen Vögel)
79	Mörder des Klans, Der
80	Drei Amen für den Satan
81	Dracula im Schloss des Schreckens
82	Tausend Dollar Kopfgeld (Sarg der blutigen Stiefel)
83	Auge der Spinne, Das
84	Black Killer

Lfd.-Nr.	Vorhandene Filmtitel A–Z (Deutscher Titel)
85	Aguirre, der Zorn Gottes
86	Ein Einsamer kehrt zurück
87	Death smiles on a Murderer (Die Mörderbestien)
88	Mano spietata della legge, La (Das Blut der schwarzen Schlange/Die gnadenlose Hand des Gesetzes)
89	Knochenbrecher im Wilden Westen (Karate Jack-Ich bin Euer Henker)
90	Mano che nutre la morte, La
91	Amanti del mostro, Le
92	Heroes in Hell
93	Footprints on the Moon (Spuren auf dem Mond)

Lfd.-Nr.	Vorhandene Filmtitel A–Z (Deutscher Titel)
94	Nachtblende
95	Che botte ragazzi (Zwei durch dick und dünn)
96	Geheimnis des Lebens, Das
97	Nobody ist der Größte
98	Netz, Das
99	Nuit d`Or – die Nacht aus Gold
100	Jack the Ripper
101	Operation Entebbe (Unternahmen Entebbe)
102	Madame Claude und ihre Gazellen

Lfd.-Nr.	Vorhandene Filmtitel A–Z (Deutscher Titel)
103	Fall Serrano, Der
104	Roland – die Horden des eisernen Ritters
105	Zoo Zero
106	Nosferatu – Phantom der Nacht
107	Woyzeck
108	Haine (Killer Truck)
109	Femme Enfant, La (Stumme Liebe/Die Kind-Frau)
110	Schizoid
111	Fruits de la Passion, Les (Früchte der Leidenschaft)

Lfd.-Nr.	Vorhandene Filmtitel A–Z (Deutscher Titel)
112	Schwarze Mamba, Die
113	Love and Money (Geld und Liebe)
114	Buddy Buddy
115	Fitzcarraldo
116	Soldier, The (Der Söldner)
117	Android, Der
118	Beauty and the Beast (Die Schöne und das Biest)
119	Secret Diary of Sigmund Freud, The
120	Libelle, Die

Lfd.-Nr.	Vorhandene Filmtitel A–Z (Deutscher Titel)
121	Geheimcode Wildgänse
122	Creature (Die dunkle Macht der Finsternis)
123	Hitchhiker-Episode „Lovesounds“ (Blut an den Händen)
124	Revenge – Diamant des Grauens
125	Commando Leopard
126	Star Knight, der Herr der Sterne
127	Crawlspace (Killerhaus – Horror der grausamsten Art)
128	Zeitfalle, Die
129	Nosferatu a Venezia (Nosferatu in Venedig)

Lfd.-Nr.	Vorhandene Filmtitel A–Z (Deutscher Titel)
130	Cobra Verde
131	Grandi Cacciatori
132	Kinski-Paganini